生命對答

生命對答

Questions of Life

甘力克 著

黃大業 譯

written by Nicky Gumbel

translated by Felix Wong

高示有限公司

Cross Communications Limited

生命對答

原著 • 甘力克

翻譯 • 黃大業

出版總監 • 李玉泉

封面插畫、漫畫 • Charlie Mackesy

出版 · 發行 • 高示有限公司

　　　　　　香港九龍彌敦道 562A 號二樓

　　　　　　電話 : (852) 2780 1188

　　　　　　傳真 : (852) 2770 6229

　　　　　　電郵 : cross@crosshk.com

一九九八年五月初版

二零零九年三月第八版

© 高示有限公司1998

國際書號 (13) 978-962-8219-06-3

　　　　 (10) 962-8219-06-5

版權所有，翻印必究

Questions of Life

Author • Nicky Gumbel

Translator / Editor • Felix Wong

Publishing Director • Alexander Y. C. Lee

Original front cover illustration and cartoons by Charlie Mackesy

Publisher & Distributor • Cross Communications Limited

　　　　　　　　1/F., 562A Nathan Road, Kowloon, Hong Kong

　　　　　　　　Tel : (852) 2780 1188

　　　　　　　　Fax : (852) 2770 6229

　　　　　　　　Email : cross@crosshk.com

Chinese edition published by permission.

Copyright © Cross Communications Limited 1998

First published May, 1998

Eighth edition March, 2009

Originally published in English under the title

Questions of Life

by Kingsway Publications Limited, Lottbridge Drove,

Eastbourne, East Sussex, BN23 6NT, United Kingdom

Copyright © Nicky Gumbel 1993

Study Guide © David Stone 1995

ISBN (13) 978-962-8219-06-3

　　　　(10) 962-8219-06-5

All Right Reserved.

目錄

前言

《生命對答》(*Questions of Life*) 出版可謂適逢其時,基督教需要這樣的書好幾年了——這話從何説起?

根據最新調查所得,在過去十年,全英國基督教會平均每一個禮拜流失一千個會友(換言之,總數接近五十萬人)!更不幸的是,在流失了的會友當中,約有八成人年齡在二十歲以下。無疑近年間一些教會增長迅猛、勢不可當,可是在普羅大眾心目中,「教會生活」仍是「沉悶、過時」的代名詞,正如本書作者甘力克(Nicky Gumbel)指出:如今大多數人對「教會生活」早已不存厚望。

可是近年間我們也目睹另一趨勢:越來越多人對屬靈事物重拾興趣,他們都想解答一個老掉牙的疑問:「真理是甚麼?」他們又似乎越來越相信會找得著答案。

《生命對答》要向人介紹一位人類歷史上最令人心醉、最令人神往的人物——耶穌。甘力克的著述情理兼備,既趣味盎然、引人入勝,又條理分明、實事求是、引經據典,足以向世人表明:追尋真理不僅是心思較量,也可以是賞心悦事。

我最欣喜的,是力克為「啟發課程」(Alpha Course)所付出的心血,終於得以公諸廣大讀者(因「啟發課程」生命得更

新的人實在數不勝數)。我謹以摯誠推薦《生命對答》給各位。

倫敦布普頓聖三一堂（Holy Trinity Brompton）主任牧師

米森地（Sandy Millar）謹識

序

今天不少人對基督教信仰產生興趣——更準確的說，是對耶穌這個人有興趣。耶穌降世至今二千年了，基督徒（以耶穌為生命主宰的人）總數也接近二十億人——基督徒對自己的「教主」感興趣不足為奇，可是時下的趨勢是：基督教以外人士也有興趣尋問耶穌的事：耶穌只是凡人、或者真是神的兒子？如果耶穌真是神的兒子，與我們日常生活有甚麼關係？

我會在本書嘗試解答一些基督教信仰核心問題。本書內容取自「啟發課程」（Alpha Course）——「啟發課程」原是倫敦布普頓聖三一堂（Holy Trinity Brompton）專為基督教外人士、慕道者、剛歸信耶穌基督的人所開辦的信仰課程，於今已有幾年歷史，並已推廣到世界各地的教會去。我們曾經目睹各色人等滿心疑寶的參加「啟發課程」，其後成為神的兒女、以耶穌為救主、有聖靈居於心中。

我要向所有審閱本書初稿並提供寶貴意見的人致謝。凱絲黛（Cressida Inglis-Jones）以驚人速度與無比忍耐替我的初稿（並修訂稿）打字，我尤其要感謝她。

甘力克
謹識

5

生命對答

1

基督教：沉悶？杜撰？可有可無？

我從前死不接受基督教信仰，我有三大理由：一、我覺得「基督教」悶壞人。我從小就上教堂，每次都是敗興而回！十九世紀英國作家斯泰文森（Robert Louis Stevenson）曾在日記寫下一件「大事」：「我今天上過教堂了——竟然沒有給悶壞！」十九世紀美國幽默作家霍姆斯（Oliver Wendell Holmes）寫道：「我認識一些牧師與傳道人，他們的舉止模樣，就像喪事承辦人！如果不是認識他們，也許我早就成為傳教士了。」我從前總覺得基督教信仰枯燥無味、了無生氣。

第二個理由是：我認為基督教信仰不過杜撰而已。我相信自己反駁基督教信仰的論據合情合理，我甚至自詡為「邏輯決定論者」！我十四歲時曾在學校的基督教教育課堂上撰寫一篇論文否證上帝存在——從而推論基督教信仰全是杜撰，出乎意料的是，我的文章竟獲提名競逐獎項！我真心相信自己反駁基督教信仰的理據已是無懈可擊，所以閒來特別喜歡與基督徒辯論信仰問題，也似乎贏取過不少重大勝利。

第三個理由是：我覺得基督教信仰可有可無。我實在想不通：發生在二千年前二千里外巴勒斯坦地的事跡，對我這樣一

個二十世紀英國男孩可以有甚麼意義？我記得小時候有一首頗流行的聖詩，歌名是《耶路撒冷》（*Jerusalem*），其中一句歌詞是：「昔日踏遍耶路撒冷之足跡，可曾及於英倫青翠山巒？」唱的人當然都知道答案──「不曾！」我實在想不通基督教信仰與我何干。

我要在很多年後才知道，我有上述誤解，不全是教會的錯，我也必須負上部分責任，因為我其實沒有認真探究過基督教信仰──因此所知的實在不多。今天我們身邊也有不少人根本不曉得耶穌是誰、耶穌在世作過甚麼事、基督教究竟信甚麼──卻口口聲聲說不接受基督教信仰！有一位醫院院牧問住院病人一條問題：「你想領聖餐嗎？」以下是一些病人的答案：

「不了，我是聖公會會友。」

「不了，我要的是玉米片。」

「不了，我沒有行過割禮。」[1]

事實是：基督教信仰絕不沉悶、絕非杜撰、更絕非可有可無！恰恰相反，基督教信仰振奮人心、千真萬確、意義重大。耶穌說：「我就是道路、真理、生命。」（約翰福音 14:6）如果耶穌沒有騙我們（我相信耶穌沒有），我們與耶穌的關係就是人一生中最重大的事了。

迷失世界的出路

我們生而有尋找神、渴慕神的傾向。我們除非與神建立了關係，否則總覺得生命欠缺一點甚麼──我們總有一點空洞無

---

1. Ronald Brown (ed), *Bishop's Brew* (Arthur James Ltd, 1989).

憑的感覺、總要不停尋尋覓覓。英國皇儲查理斯（Prince Charles）曾經談及信仰：「今天科技發展日新月異，可是人的心靈深處仍埋藏著一點揮之不去的莫名焦慮──就是擔心自己生命欠缺了一些必不可少的元素。」

萊文（Bernard Levin）可能是英國當代最出色的專欄作家，他寫過一篇題為〈滿腹生命疑惑──卻來不及解答〉的文章，提到自己縱橫文壇二十多年，「卻不過在逐夢──竟然錯失了生命現實」！他寫道：

> 我還可以有多少時日尋問自己為甚麼生在世上？⋯⋯我仍未能解答這疑惑。⋯⋯無論我在世還有多少日子──總之時日已無多了⋯⋯。可是我**為甚麼會這樣渴望**明白生命意義何在──這還用說嗎？因為我不能相信生命是偶然而然的事！生命既非偶然，就一定有目的意義。[1]

萊文不是基督徒。我最近讀到他斬釘截鐵的寫道：「我說過多少遍了？我不是基督徒。」無論如何，他顯然仍未能圓滿

---

1. 蒙 Bernard Levin 允許轉載。

解答生命之謎。幾年前他寫過這樣的話：

> 像我們這樣一個國家，太多人自以為夙願已償！我們不但物
> 資豐裕，精神生活也仿似多姿多采，可是試問多少人在夜闌
> 人靜（甚或身處人群）之際心中暗自神傷？他們自知心底有
> 一個洞，無論往這洞裏傾注幾許錦衣美食、香車美人，卻永
> 遠不會得著滿足！摯愛親朋、嬌妻孝子，頂多只能在那洞的
> 週邊徘徊，……旁人始終幫不了忙！幾許人為此心底創痛不
> 息？[1]

有人窮一生之力追尋生命的目標與意義。名著《戰爭與和
平》（*War and Peace*）、《安娜·卡列尼娜》（*Anna Karenina*）
作者、俄國大文豪托爾斯泰（Leo Tolstoy）在 1879 年寫過一本
題為《懺悔錄》（*A Confession*）的小書，記載他追尋生命目標
意義的歷程。托爾斯泰自小擯棄基督教信仰，大學畢業後，定
意盡享人間美福。他後來成功躋身俄國上流社會，活躍於莫斯
科、聖彼得堡的社交圈子，終日沉湎酒色，揮霍無度，胡作妄
為——心卻總得不著滿足。

托爾斯泰後來專心攢錢。他繼承了一大片土地，又從著作
收益積攢巨款——托爾斯泰名成利就、萬人景仰！《大英百科
全書》（*Encyclopaedia Britannica*）對托爾斯泰的評價是：「他
的小說是世界文壇屈指可數的曠世傑作。」可是托爾斯泰仍然
要問：「得著一切了——這又如何？」答案仍在虛無縹緲間。

托爾斯泰把注意力轉移到家庭之上。他在 1862 年成親，妻
子美麗賢慧，並為他生下十三個兒女（托爾斯泰曾說他兒女是

---

1. 蒙 Bernard Levin 允許轉載。

他追尋生命意義的絆腳石！）。托爾斯泰定意給家人世上一切美好事物——他似乎甚麼都得著了、都圓滿了，可惜心中仍有一大疑問，這疑問甚至要把他推向自殺邊緣：「人人難免一死！人死後身邊一切還有甚麼意義？」

「我為甚麼生在世上？」托爾斯泰於是埋首學術研究，盼望在科學、哲學領域殺出一條生路，豈料唯一結論不過是：「在無盡時空之中，無數粒子以無窮方式碰撞、演化。」

托爾斯泰環視當世，驚覺人人都在逃避生命核心問題：「我從何而來？」「我往何而去？」「我是誰？」「生命為何？」托爾斯泰想不到最後竟然會在家鄉（俄國）的農民身上找著一線曙光——就是農民的基督教信仰：生命的答案，盡在耶穌基督。

一百年過去了，人世間卻依舊。一九九一年著名流行樂隊「皇后」（The Queen）主音歌手默法地（Freddie Mercury）英年早逝，他的最後一張唱片《奇跡》（*The Miracle*）裏面有這麼一句歌詞：「誰可以告訴我：人為甚麼要活下去？」默法地家財豐厚，全球歌迷不計其數，卻在死前不久一次訪問中談到自己何等孤單：「你可以擁有世上一切，卻仍舊是世上最孤單的人——這是最可怕的孤單。我的成就帶給我萬千寵愛、豐厚家財，卻也叫我失去了人一生最渴求的事：愛與被愛、永遠不變的關係。」

默法地說得好：人一生最渴求的，是永遠不變的關係——可是人際關係總有虧缺——即或不然，也總不能「永遠不變」。人生在世總有遺憾，因為人受造的目的不僅僅關乎今生，還在乎有否與神建立關係。耶穌說：「我就是道路……。」唯有

耶穌可以幫助我們與神建立關係，這關係是天地間唯一永遠不變的關係。

我小時候家裏有一具黑白電視機，畫面總是模模糊糊的，但全家人已經心滿意足——因為我們從不知道電視機畫面可以是清晰的！後來我們發現原來電視機要接駁戶外天線——我們看著清晰的畫面，才知道從前失去了甚麼！人生在世與神隔絕，就像電視機沒有接上天線一樣：有些人看起來仍舊相當快樂，因為那些人不知道人生有比他們眼前所見更美好的事物！我們與神建立了關係，生命就得著目標意義——我們看見了以前未見過的美好事物，就不會再想走回頭路了，因為已經明白人生在世的真正目的。

亂世中的實在

有人說：「只要真心誠意，信甚麼也沒所謂。」可是「真心」不一定等於「真理」——人可以真心相信一些錯事。希特勒（Adolf Hitler）就是顯例，他的信念導致生靈塗炭。「約克郡屠夫」（the Yorkshire Ripper）殺害並肢解妓女，他真心相信自己在履行神的旨意——他的行為是他信念的延伸。上述都是罕例，卻足以表明一事：「信甚麼」是重要的，因為信念會帶來相應行為。

我又聽過一些人對基督徒說：「基督教信仰，對你來說很好，對我來說就沒有甚麼意思。」這是說不通的——如果基督教信仰是真理，就對人人都重要；如果基督教信仰不是真理，所有基督徒就統統被蒙蔽了——如果有這麼多人被蒙蔽了，怎

麼還可以説「好得很」呢——恰恰相反，我們必須盡快協助基督徒醒悟過來！著名學者魯益師（C. S. Lewis）説過：「基督教信仰如果虛謊，就**一文不值**；如果屬實，就非同小可——基督教信仰絕不處於灰色地帶——可有可無。」[1]

基督教信仰是真理嗎？有慎密的理據嗎？耶穌説：「我就是……真理……。」耶穌的宣稱有真憑實據支持嗎？我在本書稍後篇章會嘗試解答上述疑問。

基督教信仰的基石，是耶穌基督從死裏復活，這件歷史事實可謂鐵證如山。阿諾德（Thomas Arnold）是著名教育家，他在任職拉格比公學（Rugby School）校長期間改革公學課程，奠定英國近代基礎教育制度，後來牛津大學（Oxford University）更聘請他擔任現代史教授。阿諾德是公認的史家，深諳判定歷史事件真偽之道，他曾經説：

> 憑我多年鑽研各時各地歷史並審察歷史材料的論據心得，我可以大膽説：在人類歷史中，再沒有任何一件歷史事實具有

1.　C. S. Lewis, *Timeless at Heart*, Christian Apologetics (Fount).

「耶穌基督死而復生」這事件的可信性！任何頭腦清醒的人，只要持守不偏不倚的立場探究下去，必可發現這件神跡的客觀理據是何等無懈可擊。

我們稍後會檢視「基督教信仰是真理」這說法的理據，但我們在此必須先注意一事——耶穌說「我就是……真理……」，耶穌口中的「真理」不僅僅是頭腦上的知識——聖經原文「真理」一詞，還有「行真理」、「體驗真理」的含義。換言之，基督教所說的「真理」不但關乎頭腦，更關乎耶穌本身——**耶穌基督就是真理**。

舉例說：假設我在認識我妻子珮珀之前，無意之間讀到一本講述珮珀生平的書，心裏想道：「這個女孩子真好，我真想與她共度下半生。」這種對珮珀的「認識」（頭腦上相信珮珀是好女孩）與我此時此刻對珮珀的認識（我們如今結婚多年了）當然不可同日而語！基督徒說：「我知道耶穌是真理。」這「知道」不單是頭腦上的「認知」，也是一種經驗上的「認知」。我們與「真理」建立了關係，眼界改變了，就會逐漸領會世間一切事情的真相。

絕境中的生命

耶穌又說：「我就是……生命。」人生在世，難以逃避諸般罪疚、執迷、恐懼、死亡——基督徒卻可以在耶穌裏找著生命。人人都按神的形像而造，因此人性總有光輝的一面，可是「人性醜惡」也實在是不爭的事實——人天生有犯罪傾向！「罪」是鐵一般的事實，「罪」更使人性裏頭神的形像遭受虧損。「人

性」是甚麼？善與惡、美與醜，似乎同時存在人的裏頭！前蘇聯流亡作家索真尼辛（Alexander Solzhenitsyn）説過：「善惡的界線不在國與國之間、不在階級與階級之間、不在政黨與政黨之間，……卻在每一個人的心裏！」

我從前總覺得自己是「好」人，因為我沒有打家劫舍、姦淫擄掠！直到我把自己的生命與耶穌在世的生命放在一起看，才知道自己有多「壞」——這也是很多人的生命體驗。魯益師寫道：「我生平第一次認真檢視自己，……眼見的實在叫我抬不起頭來——怎樣形容我的本相？……『情慾』動物園、『野心』瘋人院、『恐懼』育嬰所、『嫉恨』銷金窩——我的名字是『群』！」[1]（譯注：參看馬可福音5章9節）

世人需要得著赦免，心靈才有平安。人道主義者拉思姬（Marghanita Laski）有一次在電視上與一位基督徒辯論，突然説出一句叫眾人吃驚的話：「你們基督徒最令我又妒又羨的是：你們真的可以得著寬恕。」她然後幽幽的説：「沒有人願意寬恕我。」

耶穌為我們被釘十字架，為要替我們償還罪債——我會在本書第3章詳細討論這事，看耶穌怎樣為世人死，從而把世人從罪疚、執迷、恐懼、死亡之中釋放出來——耶穌為我們死，使我們得著生命。

1941年7月31日，奧斯威辛（Auschwitz）集中營（譯注：二次世界大戰期間納粹德國屠殺猶太人的集中營）突然響起警報，有一個囚犯逃脱了。根據集中營規定，一個囚犯逃脱，就

1.　　C. S. Lewis, *Surprised by Joy* (Fontana, 1955).

得處死十個囚犯抵數，死囚更要被關進一個特製的水泥地堡給活活餓死。

全集中營的囚犯都被召到廣場去，他們站了一整天，又熱、又渴、又怕。德軍營長終於出現，他一邊踱步，一邊隨手挑出十個要處死的人。有一個名叫加容尼策克（Francis Gajowniczek）的囚犯被選中了，他絕望的喊道：「天可憐我的女人、我的兒女啊！」突然有一個人站出來脫下帽子，那個人其貌不揚、雙目深陷，鼻上架著圓圓的眼鏡。

「這條波蘭豬在幹嘛？」德軍營長咆哮道。

「我是天主教神父，願意替他受死。我已經老了，這個人有妻有兒……，我沒有親人。」站出來的是麥斯米林神父（Father Maximilian Kolbe）。

「行！」營長頭也不抬，說完就走了。

當晚九個男人、一個神父給關進地堡。通常給關進地堡的人臨死前都會狂性大發、互相傷害，可是這一次不同了：十個死囚身無寸縷，卻一起唱詩禱告。兩個禮拜過去了，三個男人和麥斯米林神父仍然活著。後來地堡要騰出來處死別的犯人，因此在 8 月 14 日下午 12 時 50 分，四個仍未死去的囚犯被拖出囚室（他們依然神智清醒）給注射酚（phenol）處死──麥斯米林神父死的時候不過四十七歲。

1982 年 10 月 10 日，羅馬聖伯多祿大廣場（St. Peter's Square）上聚集了十五萬人，當中有加容尼策克、加容尼策克的妻子、兒女、並他們兒女的兒女──麥斯米林神父實在沒有白白喪命，因他四十年前的代死，眾多生命得以繁衍下去。天

主教教宗就麥斯米林神父的死論道：「麥斯米林神父的死戰勝了人世間的憎恨，就像主耶穌基督的死一樣。」[1]

不過耶穌基督的死更是與眾不同，因為耶穌不僅為一個人死——耶穌更為世上一切人死。就算世上只有你、只有我，耶穌基督也會為你、為我死，為要償還你的罪債、我的罪債！耶穌使我們免去罪債、得著新生。

耶穌不但為我們死，也為我們從死裏復活，並藉著復活戰勝死亡。任何頭腦清醒的人都知道一事：人人難免一死，可是時至今日，仍有不少人妄想以種種稀奇古怪的方法逃避死亡。《英國聖公會會報》（*The Church of England Newspaper*）刊載了一則新聞：

> 1960 年美國加州富豪麥吉爾（James McGill）病逝，他臨死前寫下遺囑，詳細指示後人在他死後把他的身體好好冷藏，日後科學家研究出醫治他疾病的配方，就可以叫他「復活」。其實在南加州數以百計的人都有同樣的身後大計。人

1.　Bishop Michael Marshall, *Church of England Newspaper,* 9th August, 1991.

體冷凍學（Cryonics technology）的最新技術突破是「神經暫緩法」（neuro-suspension）——僅僅冷藏人頭。「神經暫緩法」大行其道的其中一個原因，是這方法比冷藏整個身子便宜而且容易得多！我突然想起活地亞倫（Woody Allen）在電影《沉睡者》（*Sleeper*）所作的事：他吩咐人在他死後只冷藏他的鼻子就可以了。[1]

種種逃死方法不但荒謬、也實在毫無需要，因為耶穌降世為要賜給我們「永生」。永生是甚麼？就是與神復和、與耶穌基督相交，從而得著美好新生命（約翰福音 17:3）。耶穌不曾應許賜予我們無風無浪的生命，卻應許賜予我們豐盛的生命（約翰福音 10:10）。耶穌所賜的新生命從今生開始，一直延續到永永遠遠。人生在世，仿如白駒過隙，今生怎能與永生相比？藉著信靠那宣告「我就是……生命」的耶穌，我們不但可以在今生得著豐盛生命，更可以永遠保有這豐盛生命。

基督教信仰絕不沉悶，倒是活出豐盛生命之道；基督教信仰絕非杜撰，**倒是千真萬確的真理**；基督教信仰更非可有可無，倒可以徹底改變一生。神學家田立克（Paul Tillich）形容世人終日活在三種恐懼的陰影底下：「一生為何」、「死後何往」、「罪疚難當」，耶穌基督卻可以挪去人的一切恐懼，因為耶穌基督就是「道路、真理、生命」。

1.　John Martyn, *Church of England Newspaper,* 2nd November, 1990.

2

耶穌是誰？

　　一個女宣教士在某中東國家從事兒童工作。有一天她駕著吉普車上路，途中汽油用盡，必須徒步前往油站買汽油，卻發現沒有任何盛器可用——唯一的盛器是一個小童便盆！她只好硬著頭皮拿便盆去買汽油。她買回來後，小心翼翼的把汽油從便盆倒進吉普車油缸去，恰巧一輛名貴轎車經過，車裏坐著幾個阿拉伯酋長，他們看見宣教士所作的事，都看得目瞪口呆，其中一個酋長把頭伸出窗子向宣教士說：「不好意思……，我們雖然不接受你的信仰，可真佩服你的信心！」

　　有人覺得信耶穌是盲從附和——就像要人相信小童便盆通常盛載的東西可以用作汽油一般！可是基督教信仰雖然講求信心，卻絕不是盲從附和——恰恰相反，基督教信仰建基於歷史事實之上！本章要探討的就是這個課題。

　　我曾聽見人說，在前蘇聯出版的字典裏面「耶穌」的釋義是：「一個虛構的神話人物。」不過時至今日，再沒有任何嚴謹的歷史學家會持守那樣的觀點了。事實上，耶穌存在的證據多而又多：新約聖經、古時基督徒著述固然有提及耶穌；除此之外，不少基督教外人士也談論過耶穌，例如：古羅馬歷史學

家塔西佗（Tacitus）、蘇埃托尼烏斯（Suetonius）的著作都曾經或直接、或間接的提過耶穌。生於主後 37 年的猶太史家約瑟夫（Josephus）對耶穌與基督徒有這樣的描述：

> 當時有一位智者名為耶穌（耶穌行奇事多不勝數，堪稱聖者），信徒為數不少，當中以猶太人為主，也有不少外邦人。耶穌〔就〕是基督，猶太貴冑卻逼彼拉多將耶穌定罪並釘十字架。耶穌門徒卻不曾棄絕耶穌，皆因耶穌死去三天後復活，並向門徒顯現，應驗古時先知預言（耶穌一生應驗先知預言無數）。自此耶穌門徒皆稱為基督徒，至今仍有不少基督徒在世。[1]

新約聖經不是唯一記載耶穌事跡的歷史文獻——話又說回來，就算新約聖經是耶穌事跡的唯一證據，這證據本身已經極有份量。我曾聽見人說：「新約聖經既然是遠古年代的作品，我們怎能確定現有的新約聖經，就是起初寫下的新約聖經？」

我們藉著校勘學（textual criticism）就能確立新約聖經的歷史可信性。校勘學是甚麼？粗疏的說，校勘學告訴我們：任何古代文獻現存文本越多，原文就越可信。英國曼徹斯特大學（University of Manchester）聖經批判學教授布魯斯（F. F. Bruce）寫過一本書，題為《新約聖經文獻可信嗎？》（*Are the New Testament Documents Reliable?*）布魯斯把新約聖經與其他歷史文獻並列比較，結果見右面圖表：

---

1.   Josephus, *Antiquities*, XVIII 63f.

文獻	著述年代	最早文本	相距	文本數目
希羅多德	主前 488-428 年	主後 900 年	1,300 年	8
德薛達迪	主前 460-400 年	主後 900 年	1,300 年	8
塔西佗	主後 100 年	主後 1100 年	1,000 年	20
李維	主前 59 年至主後 17 年	主後 900 年	900 年	20
凱撒大帝高盧戰爭	主前 58-50 年	主後 900 年	950 年	9-10
新約聖經	主後 40-100 年	主後 130 年 (全文文本： 主後 350 年)	300 年	希臘文 約 5,000 拉丁文 約 10,000 其他文字 約 9,300

　　布魯斯指出：凱撒大帝高盧戰爭的記載只有不到 10 個文本，現存最早的文本寫於事件發生後 900 年；李維的《羅馬史》(*Roman History*) 只有不到 20 個文本，現存最早的文本寫於主後 900 年；德薛達迪的歷史書不過來自主後 900 年寫成的 8 個文本（希羅多德著述的現存文本年代與數目也差不多）——可是沒有歷史學家會懷疑上述文獻的可信性——縱然文本不多、著述年代與最早文本寫成的年代又相距不少日子。

　　新約聖經又如何？新約聖經約在主後 40 至 100 年間著述，現存的最早全文文本寫成於主後 350 年（著述年代與現存最早文本寫成的年代只相距 300 年）——不完整的紙草紙卷軸更可追溯到主後第三世紀（部分約翰福音甚至可以追溯到主後 130 年）。至於現存文本數目，新約希臘文文本有 5,000 多、拉丁文文本有 10,000 多、其他語言文本有 9,300 多，此外更有超過 36,000 處新約聖經徵引在初期教父著述中出現。著名校勘學家霍特 (F. J. A. Hort) 下結論說：「不論在質量、數量而論，新約聖經文獻的準確性遠超任何其他古代文獻。」[1]

1.　　F. J. A. Hort, *The New Testament in the Original Greek,* Vol. I, p.561 (New York: Macmillan Co).

布魯斯又引述另一位校勘學宗師凱尼恩（Frederic Kenyon）的話說：

> 新約聖經的成書年代、與現存最早的新約聖經文本寫成年代，兩者之間的差距可謂微不足道。……我們可以大膽宣告：新約聖經的**真確性**、**完整性**都是毋容存疑的。[1]

我們實在可以確定耶穌是真實的歷史人物，[2] 但我們仍然要問：耶穌是誰？大導演馬田史高西斯（Martin Scorsese）在一次電視訪問中說，他拍攝電影《基督的最後誘惑》（*The Last Temptation of Christ*），就是要表明耶穌是實實在在的人。不過這似乎不是現代人的疑惑，今天懷疑耶穌不是真實歷史人物的人實在不多。

根據新約聖經記述，耶穌有肉身，會感到疲倦（約翰福音4:6）、飢餓（馬太福音4:2）；耶穌有人的感情，敢恨（馬可福音11:15-17）、敢愛（馬可福音10:21）、敢在人前表露憂傷（約翰福音11:35）；耶穌也有凡人的經驗，受過試探（馬可福音1:13）、上過學（路加福音2:52）、幹過活（馬可福音6:3）、孝敬過父母（路加福音2:51）。

今天很多人說耶穌**不過是**凡人（頂多是偉大的宗教家）。也許喜劇演員科比里（Billy Connolly）的話可以道出世人的心聲：「我不能接受基督教信仰，但我相信耶穌是偉人。」

然而，耶穌不僅僅是偉人（或教主）！這說法有憑據嗎？

---

1. Sir Frederic Kenyon, *The Bible and Archaeology* (Harper and Row, 1940).

2. 如果你對新約福音書的歷史真實性有興趣，可參看 R. T. France, *The Evidence for Jesus from The Jesus Library* (Hodder & Stoughton, 1986).

我們在本章要看一些憑據,我們會發現一件事實:耶穌是神的獨生愛子——事實上,耶穌是三一神中的第二「位」(person),就是「聖父、聖子、聖靈」中的「聖子」。

耶穌有否說過自己是神?

有人說:「耶穌從沒有說過自己是神。」無疑耶穌並非碰見人就說:「喏!我是神!」但我們只要細看耶穌的教訓言行,就可以知道耶穌很清楚自己的身份:也是人、也是神。

耶穌的教訓

耶穌教訓最超群絕倫的是:他大部分教訓都以自己為中心主題,他甚至對人說:「若不藉著我,沒有人可以與神建立關係。」(參看約翰福音 14:6)

人心深處都有一種渴求——這可說是二十世紀心理學家的共識——弗洛伊德 (Sigmund Freud) 說:「人渴求愛。」榮格 (Carl Jung) 說:「人渴求安全感。」阿德勒 (Alfred Adler) 說:「人渴求意義。」耶穌說:「我就是生命的糧。」(約翰福音 6:35) 耶穌的意思是:「你渴求甚麼,就來我這裏吧,我可以叫你得滿足。」

很多人落入黑暗、抑鬱、絕望、沮喪之中,他們需要方向。耶穌說:「我是世界的光,跟從我的,就不在黑暗裏走,必要得著生命的光。」(約翰福音 8:12) 我聽很多人說過,他們信了耶穌基督,「就好像『裏頭的燈』開了,生平第一次看得清楚」。

很多人懼怕死亡。有一個婦人告訴我，她常常睡不著覺、睡著了又會夜半驚醒，因為害怕死後不知往哪裏去。耶穌說：「復活在我，生命也在我。信我的人雖然死了，也必復活；凡活著信我的人，必永遠不死。」(約翰福音 11:25-26)

很多人經受百般困擾——滿心是愁煩、焦慮、恐懼、罪疚，惶惶不可終日。耶穌說：「凡勞苦擔重擔的人，可以到我這裏來，我就使你們得安息。」(馬太福音 11:28) 很多人不知道應該如何度日，也不知道人生目標何在。我未信主之前，每逢碰見（我覺得）比我強的人，就會以那人為效法對象——但我細想之下，發覺我的效法對象其實良莠相混，兼且多得記也記不清！耶穌說：「來跟從我。」(馬可福音 1:17)

耶穌又說接待他就是接待神（馬太福音 10:40；馬可福音 9:37），看見他就是看見神（約翰福音 14:9）。有一個小孩子畫圖畫，他母親問他畫甚麼，小孩子說：「我在畫神。」母親說：「別傻了，沒有人見過神！你怎麼畫呢？」小孩子回答說：「嗯，我畫完這幅畫，人就知道神是甚麼模樣的了。」耶穌的意思是：「你要知道神是甚麼模樣的嗎？你看見我就知道了。」

間接宣稱

耶穌說過一些話，顯示他看自己與神同等，下面是幾個例子。

很多人聽人說過，耶穌曾經宣稱自己有赦罪的權柄。馬可福音記載耶穌對一個癱子說：「小子，你的罪赦了。」（馬可福音 2:5）當時宗教領袖的反應是：「這個人為甚麼這樣說呢？他說僭妄〔褻瀆神〕的話了。除了神以外，誰能赦罪呢？」（馬可福音 2:7）耶穌怎樣證明自己能夠赦免人的罪？他吩咐癱子起來行走，癱子也就起來行走了。

耶穌宣稱自己有赦罪的權柄——這實在不是簡單事。魯益師（C. S. Lewis）在《基督教信仰要義》（*Mere Christianity*）說得好：

> 關乎耶穌宣稱自己有赦罪的權柄，我們可能聽得太多了，以致忽略了這宣稱的含義。耶穌說他能夠赦免世人的罪（就是世上所有人所犯的所有罪）——可是說這話的除非是神，否則實在荒謬頂透。我們都知道寬恕是甚麼：你不小心踏了我的腳趾，我寬恕你；你偷了我的錢，我寬恕你——可是如果有這麼一個人，沒有人踏他的腳趾、也沒有人偷他的錢，他卻宣稱他寬恕那踏了人家腳趾、偷了人家錢的人——你會怎樣形容這麼一個人？「語無倫次」恐怕已是最厚道的話——但這正是耶穌所作的事！耶穌不曾徵詢過受害人的意見，卻斗膽逕向肇事者宣告：「你的罪赦了。」——好像他才是一切罪行的最終受害人！除非耶穌是神（人犯罪，最終得罪的是神，因為犯罪的人干犯了神的律法、傷了神的心），否則他的宣稱實在是瘋人瘋語！如果耶穌不是神，我就不得不這

樣說：耶穌是人類歷史上最瘋癲（或最詭詐）的人。[1]

耶穌還有另一項不尋常的宣稱：他說他有一天要審判世界（馬太福音 25:31-32）。耶穌說他日後要再度降臨人間，「坐在他榮耀的寶座上」（節 31），萬民要聚集在他面前，接受他的審判：有人要得永生的基業，有人要受刑罰，永遠不得見神的面。

耶穌又宣稱他要在末日判定每一個人的終極命運。耶穌不但是審判官，也是神審判世人的準繩：世人終極命運如何，端在乎他們在世時怎樣看待耶穌（馬太福音 25:40,45）。試想像一下：有一位牧師突然宣告：「在末日審判的日子，你們都要聚集在我面前，我要決定你們的終極命運，你的終極命運如何，全看你現在怎樣對待我和我的會友。」人說出這樣的話，實在荒誕無稽！由此可見，耶穌說出這樣的話，等於間接宣稱他是全能真神。

直接宣稱

耶穌受審時有人問他說：「你是那當稱頌者〔神〕的兒子基督不是？」耶穌回答說：「我是。你們必看見人子，坐在那權能者〔神〕的右邊，駕著天上的雲降臨。」大祭司聽見這話就撕裂衣服說：「我們何必再用見證人呢？你們已經聽見他這僭妄的話了，你們意下如何？」（馬可福音 14:61-64）根據新約聖經記載，耶穌似乎就是為了褻瀆神的罪名被判死刑，因為按照猶太人律法，褻瀆神的必須被處死。

有一次猶太人要拿石頭打耶穌，耶穌問他們說：「你們為

1.　C. S. Lewis, *Mere Christianity* (Fount, 1952).

甚麼要打我？」他們回答説：「因為你褻瀆了神——你不過是個人，竟**把自己當作神**。」(約翰福音 10:31-33) 從耶穌仇敵口中的話，我們可以確知耶穌的宣稱（他是神）絕不含糊。

耶穌從死裏復活後，向門徒多馬顯現。多馬看見耶穌就跪下説：「我的主！我的神！」(約翰福音 20:28) 耶穌沒有制止多馬説：「哎唷！不！不要這麼説，我不是神呢！」耶穌説：「你因看見了我才信——那沒有看見就信的有福了。」(約翰福音 20:29) 耶穌反而責怪多馬腦筋遲鈍！

當然宣稱本身算不得甚麼，世上有很多人作出各種各樣宣稱，卻未必都是事實！很多人（有的已進了瘋人院）活在自己的幻想之中，他們相信自己是拿破崙、天主教教宗、或甚麼別的名人。

我們怎樣驗證一個人的宣稱？耶穌宣稱自己是神的獨生愛子，換言之，是「道成肉身」——我們因此面對三個可能：一、耶穌知道自己在撒謊，換言之，他是江湖騙子（還是個壞透了的江湖騙子！）；二、耶穌的宣稱不是事實，但他自己不知道——他把自己也蒙騙了，換言之，他精神錯亂了；三、耶穌所宣稱的是事實。

魯益師説得好：

如果耶穌只是凡人，卻説出〔新約聖經所記的〕那些話，他就絕不可能是萬世師表！他要麼是瘋子（而且是瘋癲頂透的瘋子）、要麼是地獄的惡魔——人必須作出判決：耶穌若非神子，就必然是狂人（甚至是比狂人更可怖的人）！……不要再自以為是的判定耶穌是甚麼「萬世師表」了——耶穌根

本沒有意思要成為「萬世師表」！他的言行催迫我們選定一生的路向——這當中不存在模棱兩可的選擇！[1]

耶穌的宣稱有何憑據？

我們「作出判決」之前，先看耶穌的宣稱有何憑據：

耶穌的教訓

耶穌的教訓，是舉世公認的好教訓——比古今中外任何哲人學士所說的都好。我聽過基督教外人士說：「我非常認同『登山寶訓』（譯注：見馬太福音5-7章）的道理，那些教訓也是我的做人方針。」（按：如果這些人細讀過「登山寶訓」，就知道甚麼是「知易行難」了——無論如何，他們承認「登山寶訓」是好教訓。）

美國神學家蘭模（Bernard Ramm）論到耶穌的教訓：

> 耶穌的教訓最多人讀、最多人愛、最多人信、最多人譯、最多人引，因為那是人世間最好的教訓。……耶穌的教訓好在清晰易懂、卻含義深遠。耶穌以最簡明、最權威的言詞，道出人類心靈深處的執迷。……世人的話都比不上耶穌的話，因為世人對生命的洞悉力比不上耶穌。耶穌口中出來的話，是我們覺得神會向世人說出來的話。[2]

耶穌的教訓是西方文化的基石。舉例說，英國法律精神就是建基在耶穌教訓之上。今日世界科技發展一日千里，我們知

---

1. C. S. Lewis, *Mere Christianity* (Fount, 1952).

2. Bernard Ramm, *Protestant Christian Evidence* (Moody Press).

得又快又多，可是耶穌離世二千年了，仍然沒有任何人的道德教訓可以超越耶穌的道德教訓——這樣純全的教訓，能出自「騙子、狂徒」的口嗎？

耶穌的作為

耶穌說他所作的神跡可以證明一事：父〔神〕在他裏面，他也在父〔神〕裏面（約翰福音 10:38）。

耶穌實在與眾不同！有人說基督教悶壞人——我相信耶穌一定不會悶壞人。

耶穌出席婚宴，會把水變為酒（約翰福音 2:1-11）；耶穌會從一個人的晚飯，變出幾千個人的晚飯（馬可福音 6:30-44）；耶穌掌管大自然，甚至吩咐風浪平靜（馬可福音 4:35-41）；耶穌顯出醫治大能，叫瞎子看見、啞吧開口、聾子聽見、癱子起身行走，甚至患病三十八年的，也可以即時得痊癒（約翰福音 5:1-9）；耶穌釋放被鬼魔轄制生命的，甚至叫死去的復活過來（約翰福音 11:38-44）。

可是激盪人心的不單是耶穌的大能——更是耶穌的大愛。耶穌行奇跡的動原是愛，他的愛尤其及於世人所不願愛的人（譬如：麻瘋病人、妓女）。耶穌愛世人的最明顯表徵，莫過於為世人的罪被釘十字架（我們在下一章會發現，這正是耶穌降到世間的目的）。耶穌被人折磨、被釘在十字架上，仍然說出這樣的話：「父啊，赦免他們，因為他們所作的，他們不曉得。」（路加福音 23:34）。耶穌的言行，是「惡棍、騙徒」的言行嗎？

耶穌的品格

耶穌的品格感動無數人的心，包括那些不會自稱為基督徒的人，萊文（Bernard Levin）就曾說過：

> 敢問誰不會給基督的品格（按照新約聖經所記）深深打動？……耶穌的影響無處不在、耶穌的信息清晰如昔、耶穌的憐憫深不可量、耶穌的恩惠安慰人心——耶穌的話滿有榮耀、智慧、仁愛。[1]

前英國司法大臣黑爾申勛爵（Lord Hailsham）是基督徒，他對耶穌基督品格的描述，是我最喜愛的描述之一。下述文字記在黑爾申勛爵的自傳《門》（*The Door Wherein I Went*）：

> 任何人只要看耶穌一眼，就會給他迷倒，他是不折不扣的「萬人迷」。……那釘在十字架上的，是一個英挺不凡、生氣勃勃的年輕人。耶穌是生命之主、也是歡笑之主——他為周遭的人帶來歡笑，人會單單為這歡笑跟隨他……。二十世紀的人，實在需要重尋耶穌的英氣與魅力！耶穌使人如沐春風，忘卻一切煩憂。他並非一個來自加利利的悶蛋，卻是名副其實的「花衣魔笛手」（Pied Piper）〔譯注：傳說中驅除普魯士哈默爾恩鎮老鼠群的魔笛手，因為村民不肯依約付錢給他，一怒之下把所有孩子都拐走〕。孩子會笑著跳著的圍著耶穌，耶穌也會偶爾抱起一兩個小孩。孩子的歡笑聲不絕於耳。[2]

從耶穌身上我們看見無私、卻不見自憐；看見謙卑、卻不

---

1. 蒙 Bernard Levin 允許轉載。

2. Lord Hailsham, *The Door Wherein I Went* (Fount/Collins, 1975).

見畏縮；看見喜樂、卻不見刻薄；看見仁愛、卻不見縱容。耶穌的仇敵從他身上挑不出一點瑕疵，他的好朋友都知道他從來沒有犯過罪——「惡人、瘋子」有這樣的品格嗎？

應驗舊約聖經預言

美國專欄（宗教版）作家史密斯（Wilbur Smith）寫道：

> 古代世界有無數術士為人占卜前程，可是我們縱觀所有希臘與拉丁文獻，也找不到任何預測未來重大事件發生、或宣告救世主降臨人間的預言。……伊斯蘭教徒找不出任何關乎穆罕默德誕生的遠古預言，美國的眾多邪教教主也找不出任何古代文獻，可以證明自己的出生是順應天意。[1]

可是耶穌一生應驗了超過 300 個舊約聖經預言（這些預言由不同時代的人發出，歷時五百多年），其中更有 29 個主要預言在耶穌受死一天之內全數應驗。這些預言有的在舊約時代已應驗了一部分，後來再完完全全的應驗在耶穌身上。

有人說：可能耶穌是個天才騙子，故意讓舊約聖經的預言應驗在自己身上，好叫別人相信他就是以色列人所期待的彌賽亞——但這樣的說法實在站不住腳，因為：一、要應驗這麼多預言在一個人身上，實在難之又難；二、很多預言中的情況，耶穌根本不可能早有預謀（按：如果他只是凡人的話）——譬如說，他不能預先計劃自己怎樣死（以賽亞書 53 章）、怎樣被埋葬、在哪裏出生（彌迦書 5:2）等等。

1.　Wilbur Smith, *The Incomparable Book* (Beacon Publications, 1961).

耶穌復活

耶穌基督從死裏復活——這是基督教信仰的基石。這件歷史事實有何證據？以下我要按照四個條目逐一闡述。

1. **耶穌的墳墓空了**。在第一個復活日清晨，原本在墳墓裏的耶穌屍身不見了。人想出很多理由要解釋這事，卻統統不能叫人信服。

一、有人認為耶穌在十字架上根本沒有死去。英國《今天報》(*Today*) 曾刊登一則頭條新聞說：「耶穌在十字架上根本沒有死去！」有一位戴維斯 (Trevor Lloyd Davies) 先生聲稱：耶穌被解下十字架時根本未死，後來在墳墓裏體力逐漸恢復過來云云。

事實是：耶穌被釘十字架前，已受了羅馬兵士的鞭刑（很多犯人會就此給鞭死）。耶穌被釘在十字架上有六個鐘頭之久——受過十字架刑罰的人，還會有力氣推開堵塞墳墓門口的大石嗎（那樣的大石至少重一噸半）？再者，羅馬兵士解下耶穌的屍身前，一定要先確定耶穌已經死去，因為讓死囚逃脫是彌天大罪，兵士要以命抵命。

約翰福音 19:33-34 記載：「〔兵士〕來到耶穌那裏，見他已經死了，……惟有一個兵拿槍扎他的肋旁，隨即有血和水流出來。」從今天醫學觀點看，「血塊」和「血清」分開，是死亡的徵狀之一。約翰描述這項細節，不過如實記敍而已，他沒可能擁有現代的醫學知識，但他的描述卻成了有力的佐證。

二、又有人說，是門徒偷去耶穌的屍身，然後到處散播謠言說耶穌從死裏復活。撇開耶穌的墳墓由兵士看守不說，上述

說法也有違常理：門徒看見耶穌被釘死，早已心灰意懶。以彼得為例，他實在需要經歷超乎尋常的事，才會從一個魯莽漁夫一躍成為在五旬節公開講道、叫三千人悔改歸主的大使徒！

人只要設身處地想一想：門徒為所信所傳的道要賠上何等代價（鞭打、虐待、死亡），就知道門徒不可能為一個明知虛謊的故事作見證。我有一個朋友在劍橋大學（Cambridge University）做科研工作，後來成了基督徒。他告訴我，他詳細察看耶穌復活的證據後，不得不相信門徒的見證是真的，因為門徒絕不會為一個謊言擺上性命。

三、又有人說，是猶太權貴偷去了耶穌的屍身。這推論最不可取——如果權貴真的偷了耶穌的屍身，門徒在宣告耶穌復活時，權貴為甚麼不拿出耶穌的屍身來堵住門徒的口？

耶穌的墳墓空了——卻不是完全空！根據約翰福音記載，彼得和約翰在第一個復活日清晨跑進耶穌的墳墓裏去，他們看不見耶穌的屍身，卻看見裹屍布好端端的在墳墓裏——這實在是耶穌復活事跡最引人入勝之處！著名基督教護教士麥道衛（Josh McDowell）形容耶穌的裹屍布「就像蝴蝶破繭而出後留下的殘蛹」。[1]　耶穌復活的身體就像「穿越」了裹屍布一般——難怪約翰「看見就信了」（約翰福音 20:8）。

2. **耶穌曾向門徒顯現。**那是集體幻覺嗎？按照《簡明牛津字典》（*Concise Oxford Dictionary*）解釋，「幻覺」是「腦海裏經驗到實際不存在的事物」。通常生幻覺的是神經緊張、想像力豐富、終日提心吊膽的人；此外，人在患病期間、藥物影

1.　Josh McDowell, *The Resurrection Factor* (Here's Life Publishers).

響之下，也可能產生幻覺——門徒卻不歸入上述任何一類！這一班飽歷風浪的漁夫、稅吏、懷疑論者（譬如：多馬），都不像會生幻覺的人！況且，生幻覺的人絕少會突然恢復過來——耶穌向門徒顯現過十一次、為期六個禮拜之久，後來就沒有耶穌復活顯現的傳言了。這麼多的顯現次數、這麼短的顯現時日，足以證明一事：耶穌向門徒顯現不是集體幻覺。

再者，見過復活主耶穌的有五百五十多人。一個人、甚至兩三個人一起生幻覺，還可以說有可能，但五百五十多人同時生幻覺——有可能嗎？

幻覺是發生在腦海裏的事，幻覺的主體並不客觀存在——門徒卻可以觸摸復活的耶穌。復活的耶穌曾吃燒魚（路加福音24:42-43），又煮早飯給門徒吃（約翰福音21:1-14）。彼得說：「……〔耶穌〕從死裏復活以後，和〔門徒〕同吃同喝……。」（使徒行傳10:41）復活的耶穌又曾與門徒交談，教導他們神國許多的事（使徒行傳1:3）。

3. **即時效應**。人可以想像：如果耶穌真的從死裏復活了，必然為當時世界帶來極大的震撼——事實上，基督教會就此出現，並且增長迅猛！正如著名基督徒作家格米高（Michael Green）說：

教會……從幾個沒有學問的漁夫與稅吏開始，在三百年間橫掃世界（當時的已知世界）。在世界歷史上，從未出現過這樣奇妙的和平演變！這樣的事得以成就，全因為基督徒可以向問道的人說：「耶穌不僅僅為你死——耶穌也是復活的主！你可以親身經歷他，親身體會我們所傳講的事！」很多

人因此信主、得著主、並加入教會——教會以主耶穌的空墳墓為起點，很快就征服了全世界。[1]

4. **基督徒的親身經歷。**自古至今，無數人經驗過復活主耶穌基督的實在，這些人不分種族、膚色、國界，也不分貧富、貴賤、智愚。英國「教會軍」（Church Army）主帥卡萊爾（Wilson Carlile）曾在倫敦海德公園（Hyde Park）大聲疾呼道：「耶穌基督今天活著！」有一個途人嘲諷他說：「喂！你怎麼知道耶穌今天活著？」卡萊爾答道：「因為我今天早上才跟他談天，談了半個鐘頭！」

世界各地萬千基督徒都經驗過耶穌基督的實在。我過去十八年來也經驗過復活主的大能大愛，耶穌基督與我的關係是那樣實在，我可以確知他是復活的主。

耶穌從死裏復活的證據實在無懈可擊。前英國首席大法官達令勛爵（Lord Darling）說過：「支持耶穌從死裏復活的證據可謂滴水不漏——不論正面證據、反面證據、事實證據、環境證據，都不存在任何破綻！任何頭腦清醒的陪審團，必然會作出一致判決：耶穌復活的史實千真萬確。」[2]

究竟耶穌是神的兒子？是瘋子？是惡魔？我們看過耶穌的教訓、作為、品格，又看過他怎樣應驗了舊約聖經預言、並從死裏復活，就知道他絕不是瘋子或惡魔——最合理、最可信的結論是：耶穌也是人、也是神。

1.　Michael Green, *Evangelism through the Local Church* (Hodder & Stoughton, 1990).

2.　Michael Green, *Man Alive* (InterVarsity Press, 1968).

魯益師總結道：

因此我們只剩下一個扣人心弦的選擇！我們所討論的這個耶
穌，要麼真是他自稱的那一位、要麼就是瘋子或惡魔——事
實擺在眼前：耶穌顯然不是瘋子或惡魔。因此，不管我覺得
如何離奇、驚詫、難以置信，仍不得不承認一件事實：耶穌
的的確確是神——神曾經成為肉身，來到我們這個被仇敵佔
據了的世界。[1]

1.　　C. S. Lewis, *Surprised by Joy* (Fontana, 1955).

3

耶穌為甚麼死？

今天很多人佩戴的耳環、手鐲、項鍊上，都會掛著十字架，我們看慣了，不覺得有甚麼特別。可是試想像一下：如果我們看見一個人佩戴著絞刑台（或電椅）在身上作為飾物，我們會有甚麼反應？其實十字架和絞刑台（或電椅）一樣，是處決死囚的刑具——而且是人類歷史上數一數二的殘酷刑具！即使兇殘成性如古羅馬人，也在主後 315 年廢除了釘十字架的刑罰。

十字架卻成為基督教信仰的標記——新約福音書有不少篇章描述耶穌受死的事，而新約聖經其餘經卷的一個重要主題，就是講論耶穌被釘十字架的意義；在教會禮儀中，聖餐是為記念耶穌的身體被擘開、鮮血傾流出來；不少教堂建築物都呈十字形狀；昔日使徒保羅曾向哥林多信徒說過這樣的話：「我曾定了主意，在你們中間不知道別的，只知道耶穌基督並他釘十字架。」（哥林多前書 2:2）。

歷史上叱咤風雲、搬天弄日的軍政領袖，所留給世人的回憶，無非是他們在世建立的功績——論到改寫人類歷史，古來偉人當中，敢問誰人及得上耶穌？可是耶穌留給世人最深刻的回憶，卻關乎他的死。

耶穌的死為甚麼這樣重要？耶穌的死，與蘇格拉底的死、基督教殉道士的死、民族英雄的死，到底有甚麼分別？耶穌為甚麼死？耶穌的死有甚麼果效？新約聖經說耶穌「為我們的罪死」——是甚麼意思？我要在本章解答上述疑問。

人的最大需要是甚麼？

有人說：「我不需要基督教信仰。」他們心裏在暗說：「我還不錯嘛！我生活無憂，恩怨分明，又老老實實的做人……。」我們要明白耶穌為甚麼死，就要先明白人生在世最大的苦惱是甚麼。

我們若對自己誠實，就一定會承認自己常做錯事。保羅說：「世人都犯了罪，虧缺了神的榮耀。」（羅馬書 3:23）換言之，人若肯按神所定的標準察看自己，就會發現自己離開神的要求有多遠！我們若與打劫銀行、侵犯兒童的惡徒相比——甚至與左鄰右舍相比，可能會覺得自己「還不錯」；但我們若與耶穌基督相比，就會發現自己有多壞。小說家毛姆（Somerset Maugham）說過：「如果我把一生想過、做過的事都記下來，人會稱我為『變態狂魔』！」

罪的根由，是人神關係破裂（創世記 3 章）；罪的結果，是人神隔絕。我們就像路加福音 15 章所說的浪子，不但遠離父親，自己生命也是一塌糊塗。有人說：「就算世人真的這樣壞，有甚麼大不了嗎？」我的回應是：罪會帶來惡果——罪會毀損生命。

罪的毒害

耶穌説：「從人裏面出來的，那才能『污穢』人。因為從裏面，就是從人心裏，發出惡念、苟合、偷盜、兇殺、姦淫、貪婪、邪惡、詭詐、淫蕩、嫉妒、謗讟、驕傲、狂妄，這一切的惡都是從裏面出來，且能污穢人。」（馬可福音 7:20-23）罪會毒害我們的生命。

你可能會説：「你説的這些事，我根本沒有做過。」可是你只要觸犯了上述任何一宗罪，就足以敗壞生命！我們可能希望神在「十誡」之上還有一項像考試卷首的「答題指示」説：「你只需選答下列三題。」可是新約聖經明明的説：我們只要**「在一條上跌倒，就是犯了眾條」**（雅各書 2:10）。舉例説：我們只要違反一條交通規則，駕駛執照就不再清白了。駕駛執照要麼清白、要麼不清白，沒有中間餘地！我們在神的誡命之前也是一樣：我們若觸犯一條誡命，生命就玷污了。

罪的權勢

犯罪會成癮的。耶穌説：「所有犯罪的，就是罪的奴僕。」（約翰福音 8:34）我們若肯省察自己的所作所為（而不是檢察別人的所作所為），就會知道耶穌的話有多真實。很多人知道吸食毒品（如：海洛英）很快就會上癮，但其實犯罪也是一樣。

人未必沉迷毒品，卻會沉淪於忿怒、嫉妒、傲慢、驕橫、自私、毀謗、淫亂之中；人也會陷入某些思想行為之中，甚至不能自制——這就是耶穌所説「奴役」的意思，這些「捆綁」會毀掉我們的生命。

前英國利物浦（Liverpool）主教賴爾（J. C. Ryle）說：

> 每一宗罪背後，都有成群成群帶著手銬腳鐐的苦臉囚
> 犯，⋯⋯可笑一些囚犯仍厚著臉炫耀自己的「自由」！⋯⋯
> 人世間之奴役莫過於此！罪是最苛刻的工頭，工人所得的工
> 價是甚麼？不過是定時的慘愴喪志、至終的絕望永刑——這
> 就是罪人所得的唯一工價。[1]

罪的刑罰

人心深處都渴求公義。我們看見兒童被侵犯、老人遇襲擊、
嬰孩被虐待（或類似的事），都會渴望早日把兇徒繩之於法。
我們的動機未必純正（有時但求向兇徒報復），但無論如何，
世上確有「義憤」存在——就是所謂的「罪有應得」，沒有人
會覺得兇徒逍遙法外是好事。

別人犯罪受罰固然罪有應得，自己犯罪又如何？終有一天
神要審判全人類！保羅告訴我們：「罪的工價乃是死。」（羅馬
書6:23）

罰的阻隔

保羅所說的「死」不僅僅是肉身的死，也是靈性的死——
就是與神永遠隔絕。人犯罪後與神隔絕，不但是來世的事，也
是今生的事。以賽亞先知說：「耶和華〔神〕的膀臂並非縮短
不能拯救；耳朵並非發沉不能聽見。但你們的罪孽使你們與神
隔絕，你們的罪使他掩面不聽你們。」（以賽亞書59:1-2）

---

1. Bishop J. C. Ryle, *Expository Thoughts on The Gospel, Vol. III, John 1:1-John 10:30* (Evangelical Press, 1977).

神作了甚麼？

人人都要面對罪的問題。我們越體會赦罪的需要，就越瞭解神為我們作了何等大的事。英國司法大臣馬凱勛爵（Lord Mackay）説：「我們基督教信仰的核心信息，是主耶穌在十字架上為我們的罪捨身。……我們越瞭解贖罪的寶貴，就會愛主越多、事奉主越殷勤。」[1]　基督教的福音是「神愛世人」：我們把自己的生命弄得一團糟，神卻沒有撇下我們不顧，反而差遣獨生愛子耶穌來到世間為罪人死（哥林多後書 5:21；加拉太書 3:13）。倫敦萬人教會（All Souls Church）榮譽主任牧師史托德（John Stott）形容神的救贖大功為「以身作替」。使徒彼得説：「**他**被掛在木頭上，親身擔當了**我們**的罪。……因**他**受的鞭傷，**你們**便得了醫治。」（彼得前書 2:24）

「以身作替」是甚麼意思？戈登（Ernest Gordon）的名著《桂河橋奇跡》(*Miracle on the River Kwai*)根據真人真事寫成，講述二次世界大戰期間一班盟軍戰俘修築緬甸鐵路的事跡。這班戰俘每天幹活後，都要交回所有工具給日軍監工保管。有一天日軍守衛大叫大嚷，原來戰俘的鏟子少了一把。守衛大發雷霆，警告收起鏟子的人馬上招認。可是沒有人招認，守衛怒不可遏，把步槍指向戰俘怪叫説：「全部——死！全部——死！」突然間一個戰俘站了出來，日軍守衛馬上瘋了似的用槍柄砸他，就此把那戰俘砸死了。其後守衛再點算工具一次，才發現鏟子根本沒有少了——那戰俘「以身作替」，拯救了全部戰友。

耶穌也是「以身作替」——耶穌為我們釘十字架。歷史學

1.　*The Journal of the Lawyers' Christian Fellowship.*

家西塞羅（Cicero）形容十字架刑罰是「酷刑中最殘忍可怖之酷刑」——耶穌先被脫光衣服、綁在一條柱子上受鞭打；那鞭子不是普通的皮鞭，而是四五條鑲有尖刺鉛粒的皮條帶合成的鞭子。主後第三世紀教會史家優西比烏斯（Eusebius）這樣描述羅馬人的鞭刑：「犯人皮開肉綻，肌腱臟腑盡現。」耶穌受完鞭刑，還要被解到衙門去，受全營兵士嘲弄毆打，再被迫戴上荊棘編成的冠冕。釘十字架的時候到了，耶穌要親自把十字架背到受刑的山上去。耶穌中途不支倒地，兵士強拉了路過的古利奈人西門替耶穌背十字架。

耶穌到了釘十字架的地方，再次被人脫光衣服壓倒在十字架上。兵士用六英寸長的大釘，釘耶穌手腕關節附近的前臂，然後扭耶穌的腳，把釘釘進耶穌跟腱與脛骨之間。兵士把耶穌釘牢了，就把十字架立在地上的座孔內。耶穌要抵受曝曬、飢渴，還有圍觀群眾的戲笑謾罵。根據新約聖經記載，耶穌懸掛在十字架上有六個鐘頭之久，他的生命在難以言喻的劇痛中一點點的流逝。

可是耶穌所受的最大痛苦，並不關乎肉體（鞭傷、毆打、釘十字架），甚至不關乎精神（被世人棄絕、被友好撇棄），卻關乎靈性——耶穌因為背負我們的罪，不得不與父神（暫時）隔絕。

耶穌受死的果效

鑽石的美，在於鑽石的多「面」。十字架也有很多「面」：神藉著十字架，廢掉邪惡權勢（歌羅西書 2:15），打垮死亡與

魔鬼；神藉著十字架，向世人表明他的愛：他並不超然於世人苦痛之外，因他是「被釘的神」（德國神學家莫特曼〔Jurgen Moltmann〕曾以「被釘的神」〔the crucified God〕為書題）；神曾經來到世間，體會人生諸般苦痛；耶穌藉著十字架向人顯明甚麼是捨身的愛（彼得前書 2:21）。上述每一「面」我們都可以花很多篇幅討論，但我在本章只集中討論四個意象，這四個意象來自新約聖經，表徵耶穌在十字架上的救贖大功。史托德告訴我們，這四個意象都關乎世人的生活作息。

第一個意象是**法庭**。保羅說，我們藉著基督的死得以「稱義」（羅馬書 5:1）。「稱義」是法律用語——人若在法庭上獲判無罪釋放，就是得以「稱義」。

有兩個人是小學、中學、大學同窗好友，畢業後各奔前程，逐漸失去聯絡。其中一人成為法官，另一人淪為強盜。有一天強盜被解到法庭上，審理案件的，正好是他昔日好友。強盜確實犯了事，也在庭上認了罪。法官突然認出他好友來，一時之間十分為難：他是法官，必須秉行公義，不能放過罪犯——他卻又不想懲罰好友，因為他真心愛他朋友。結果法官宣判他朋友罪名成立，依法罰款若干（這是公義），然後從法官席上退下來，寫上罰款數額的支票交給他朋友，為他代上罪價（這是

愛）。

神為我們所作的，就是類似的事。按照神的公義，他必須審判我們，因為我們犯了罪；可是因著神的大愛，神藉著耶穌基督（神的獨生愛子）為我們償還罪債。這樣看來，神既公義（不容犯罪的人逍遙法外）、卻也稱人為義——這就是羅馬書3:26的意思。神審判我們，卻同時拯救我們。拯救我們的不是不相干的第三者，而是神自己。套用上面的例子，神把寫上罰款數額的支票遞向我們，我們必須作出選擇：是讓神代我們付罪價呢？還是自行面對罪的刑罰？

上面的例子其實絕不足以說明神為我們所作的事的意義，理由有三：一、我們的過犯嚴重多了——我們的刑罰不是罰款，而是死刑；二、神和我們的關係密切多了——神不但是我們的好友，更是我們的天父，他愛我們勝過人世間任何父親對兒子的愛；三、神付出的罰價高昂多了——他付出的不是錢，而是他獨生愛子的生命：耶穌為世人擔當了罪的刑罰。

第二個意象是**市集**。現代人往往債務纏身——古代人呢？當然也有債台高築的人！如果他們償還不了欠款，唯一出路就是賣身給人作奴隸。試想像有一個人站在市集，身上掛著一個牌子：「賣身還債。」另一個人上前問他說：「你欠人家多少錢？」賣身的人說：「十萬塊。」問的人拿出十萬塊交給賣身的人，然後讓他自由離去。問價的人若真的這樣做，就是替賣身的人「贖了身」，因為他付出了「贖價」。

我們「因耶穌基督的救贖」（羅馬書3:24），身子就得著自由——因為耶穌死在十字架上，為我們付了「贖價」（馬可福音

10:45），我們因此可以從罪的權勢中釋放開來，這是真正的自由！耶穌說：「〔天父的〕兒子若叫你們自由，你們就真自由了。」（約翰福音 8:36）這不等於說我們從此不會再犯罪，而是說罪在我們身上的轄制給破除了。

諾比利今年五十八歲，過去有三十五年是酒鬼（他二十年來一直坐在倫敦布普頓聖三一堂門口乞錢買酒喝）。在 1990 年 5 月 13 日，諾比利站在鏡子前看著自己說：「你不是我認識的諾比利！」他懇求耶穌基督進入他生命，又與主耶穌立約：從此不再喝酒。從那一天起，諾比利真的滴酒不沾唇——他的生命改變了，全身煥發著基督的愛與喜樂！我曾對諾比利說：「比利，你真是個快樂人。」諾比利回答說：「我快樂，因為我得到自由。人生就像一個迷宮，我慶幸自己靠著耶穌基督終於找到出路。」耶穌死在十字架上，讓我們得以脫離**罪的權勢**。

第三個意象是**聖殿**。神在舊約聖經詳細訓示以色列人怎樣處理罪的問題——神藉著諸般獻祭禮儀的象徵表義，讓以色列人看見罪的可憎可怖，並贖罪、得潔淨的可貴可喜。

簡言之，神告訴以色列人：罪人必須獻動物為祭，所獻動物必須盡可能完美（健康、沒有殘疾）。罪人要按手在動物身上，唸出自己的罪（藉此象徵罪已從人轉移到動物身上），然後把動物殺死並獻上為祭。

希伯來書作者說：「公牛和山羊的血，斷不能除罪。」（希伯來書 10:4）獻祭所作的是意象而已（「影兒」〔希伯來書 10:1〕），不過預表耶穌要為世人贖罪代死。事實上，只有耶穌基督（世人的代罪羔羊）的血可以除去世人的罪，因為只有耶

穌是完全人，唯有他配做神所要求的完全祭牲。耶穌的血可以洗淨我們一切的罪（約翰一書 1:7）、除去**罪的玷污**。

第四個意象是**家庭**。我們從前說過：罪的根源與結果，是人神關係破裂，十字架卻使世人得以與神重修舊好。保羅說：「**神在基督**裏叫世人與自己和好。」（哥林多後書 5:19）有人以新約聖經教訓為笑柄，說神不公平啊，竟然懲罰無辜的第三者耶穌、而不懲罰犯罪的世人——這可不是新約聖經的說法，保羅說：「神在基督裏……」，換言之，代罪的是神自己（因為耶穌基督是神），而不是與神無關的「第三者」。

罪的阻隔得以消除，我們可以像浪子那樣，歸家重投父親的懷抱、領受父親的愛與福樂（譯注：見路加福音 15 章）。這關係絕不止於今生，而是永恆不變的關係。有一天我們要與天上的父親共聚，我們會得著自由，不再需要面對罪的刑罰、罪的權勢、罪的玷污、罪的阻隔，甚至不再需要面對罪（因為有一天罪會從人世間給徹底除去）！這一切事成為可能，全因為神已在十字架上為我們受死贖罪。

父神愛我們每一個人，願意與我們每一個人建立關係，就像人世間的父親愛自己的子女一樣。耶穌不是為抽象的「世人」死，他是為你死、為我死！保羅說：「神兒子……愛我、為我捨己。」（加拉太書 2:20）神的救恩也實在是很個人的事：就算你是世上唯一的人，耶穌也會降到世間為你死！我們看得清這事實，生命必然改換一新。

美國著名教會領袖溫約翰（John Wimber）記述自己怎樣看得清十字架的實在：

我研讀聖經……有三個月了，自信可以通過任何關乎十字架的初級試！我清楚知道世上只有一位神，這一位神有三個「位格」。我也知道耶穌是完全的神、又是完全的人，並為世人的罪死在十字架上——但我實在不覺得自己是罪人，我覺得自己是好人——我知道自己做過不少錯事，但我不覺得有甚麼大不了。

不料一天晚上卡露〔按：溫約翰的妻子〕突然對我說：「好了，我覺得我們學了這麼多，是時候作出回應了。」她把我嚇呆了！她竟然跪下來向天花板禱告（那是我當時的觀感）說：「神啊，我犯罪了，我很後悔。」

我不敢相信自己的耳朵！卡露比我好得多了，她竟然覺得自己是罪人！我知道她是真心悔過，因為她的禱告實在發自內心。她更哭了起來，不斷重複的說：「我犯罪了，我很後悔。……」當時有六七個人與我們一起禱告，他們每一個人也都閉上了眼睛。我看著他們，心中猛然悟道：**他們也在禱告——所說的與卡露說的一模一樣！**我立時汗流如注，全身仿似虛脫了。我的額頭冒著汗，心中暗忖道：「我一定不會這樣子的禱告——他們瘋了！我是好人啊！」我忽然醒悟過來：卡露不是向天花板禱告，她在向神禱告啊！這一位神願意聽卡露禱告！卡露真心相信她在神面前是罪人，需要領受神的赦免。

電光火石之間，我忽然明白了十字架的意義，我的心眼頓然開啟——我一直在傷神的心啊！神愛我、差遣耶穌來到世間救我，我卻總在拒絕神的愛，我一點兒也不看重神！我真是壞透了的罪人，需要十字架的代贖。

我也跪了下來，更哭得涕淚縱橫！我當時實實在在的覺得，我禱告的對象，其實從來沒有離開過我——神一直在我身邊等候我，只是我不察覺罷了。我也和卡露一樣的想告訴神說：我犯罪了！但我口中只曉得說：「神啊！神啊！……」

我知道自己心中經歷著翻天覆地的變化，我告訴自己說：「我希望這一次沒有搞錯了，因為……我這個樣子實在丟人現眼！」神突然在我腦海賜下一幅圖象：幾年前我在洛杉磯潘興廣場（Pershing Square）看見一個人，他身前身後掛著標語牌，前面的標語牌寫道：「我為基督做蠢事。」後面的標語牌寫道：「你呢？你為誰做蠢事？」我記得自己當時想道：「這一個人當真無聊之至！」然而，此刻我跪在地上，方才恍然大悟：「十字架的道理，在那滅亡的人為愚拙……。」（哥林多前書 1:18）我就在那一天晚上跪在十字架下，接受耶穌做我救主。從那一天起，我每一天都在為基督做「蠢事」。[1]

如果你不肯定自己是否真的信了耶穌，可以用下面的禱文向神禱告，讓耶穌基督的救恩臨到你身上：

天父啊，我過去做了很多錯事，現在真的後悔了。〔你可以用幾分鐘時間想想自己犯過甚麼錯，然後求神赦免。〕天父啊，求你赦免我，我要改過自新，不再明知故犯你的誡命。

天父啊，感謝你差遣你的愛子耶穌為我的罪死在十字架上，讓我得著赦免，並從罪中得釋放。從今天起，我要跟隨主耶

1.　John Wimber, *Equipping the Saints*, Vol 2, No 2, Spring 1988 (Vineyard Ministries Int.).

穌、聽從主耶穌的吩咐。

天父啊，感謝你願意隨時赦免我，又賜聖靈進入我心。我要
領受你的赦免，也要領受你的聖靈。

天父啊，求你藉著聖靈常常與我同在，奉我主耶穌基督的名
求。阿們。

4

怎樣確定自己信了主？

我十八歲那一年，生活愜意極了：剛剛考進大學，生活充滿驚喜，前途一片光明。基督教信仰對我一點也不吸引——恰恰相反，我滿以為做基督徒是沉悶不堪的一回事。我想像神會破壞我的一切樂趣，更會逼我做盡一切宗教悶事。

譯注：「黃瓜三文治」——乏味之至的三文治。

不過我也在十八歲那一年開始探索基督教信仰，後來更不得不承認基督教信仰的而且確是真理——這教我如何是好？我想出一個解決辦法來：不如採取拖字訣，先好好享受人生，然後在臨死前才做基督徒吧！可是我也心知肚明：這樣的想法實

在不知所謂！無可奈何之下，我萬二分不情願的信了基督。

我當時忽略了很重要的一點：基督教信仰的精義，是與神建立關係。神愛我，為我所預備的都是最好的——我信主一段時日，才經歷到信主的「意外驚喜」（按：魯益師〔C. S. Lewis〕語，他曾把自己的信主經歷寫成一本書，題為《意外驚喜》〔Surprised by Joy〕）原來人在「成為基督徒」的同時，也開始了一段最不尋常的關係，這一段新關係會帶來新生命。保羅說：「若有人在基督裏，他就是新造的人，舊事已過，都變成新的了。」（哥林多後書 5:17）我有一個習慣，喜歡把別人剛剛經歷新生命的感想記下來，下面是兩個例子：

> 我從前只有沮喪，現在有了盼望；我從前鐵石心腸，現在可以寬恕人……。神多麼實在！我可以感受到神時刻帶領我，從前的孤單失落都消失了！神填滿了我內心的一切空虛。

> 我真想擁抱街上每一個人……。我不能停止禱告！我今天乘公共汽車，在車廂中只顧禱告，以致錯過了車站呢！

每一個人的信主經歷都不一樣，有些人的改變非常明顯，有些人的改變按部就班。重要的不是經歷如何，而是我們已經成為神的兒女，開始了新的關係！正如約翰寫道：「凡接待他〔耶穌〕的，就是信他名的人，他就賜他們權柄，作神的兒女。」（約翰福音 1:12）

俗語說：「父母愛子，無微不至。」神也是一樣，他愛我們，看重我們與他建立了的關係——反而不少基督徒不敢確定自己與父神的關係！每一期「啟發課程」（Alpha Course）的最

後一課，我們會要求參加者填一份問卷，其中一條問題是：「你在參加『啟發課程』之初，會否說自己是基督徒？」下面是一些答案：

「會，但從未真正經歷過與神的關係。」

「算是吧。」

「可能是吧。」

「這個嘛……。」

「也是、也不是。」

「嗯……。」

「會──但現在回想起來，那時實在算不得是基督徒。」

「不會──頂多是半個基督徒。」

新約聖經毫不含糊的告訴我們：人可以確定自己信了基督、得著永生。使徒約翰說：「我將這些話寫給你們信奉神兒子之名的人，要叫你們**知道**自己有永生。」(約翰一書 5:13)

照相機三腳架有三條腿──我們與神和好了，也有三大憑據──關乎我們所信的三一神：一、聖父在聖經中的應許；二、聖子在十字架上成就的救恩；三、聖靈在心中的確證。我們後面的討論，就是環繞三大主題：神的話語、耶穌的大功、聖靈的印證。

神的話語

如果單憑感覺，恐怕我們甚麼也不能肯定！人的感覺起伏不定，容易受種種因素影響，譬如陰晴圓缺、早飯吃得好不好等等──人的感覺實在變幻無常！相反，神的話語、聖經中的

應許，卻是永不改變、全然可靠的。

聖經中有很多寶貴應許。我剛信主之時，有一個應許叫我我額外受用，那應許來自新約聖經最後一卷書——使徒約翰在異象中看見耶穌向七個教會說話，耶穌向老底嘉教會說：「看哪！我站在門外叩門，若有聽見我聲音就開門的，我要進到他那裏去，我與他，他與我一同坐席。」(啟示錄 3:20)

在基督裏開展新生命，有很多不同的形容：「成為基督徒」、「把一生交給基督」、「接受基督」、「邀請耶穌進入生命」、「信主」、「向耶穌敞開心門」、……，這些說法都在描述同一事實：耶穌藉著聖靈進到我們心裏去，就像啟示錄 3:20 所表義的。

英國拉斐爾前派(Pre-Raphaelite)畫家亨特(Holman Hunt, 1827-1910)曾以啟示錄 3:20 為靈感，畫成《世界之光》(*The Light of the World*)。這幅傑作有三個版本，一幅存於牛津大學基布爾學院（Keble College, Oxford University）；一幅存於曼徹斯特（Manchester）市立藝術館；最出名的一幅，曾於 1905 年至 1907 年間在英國各處殖民地巡迴展覽，並於 1908 年 6 月贈予倫敦聖保羅大教堂（St. Paul's Cathedral）。然而，《世界之光》第一版本展出時，可謂劣評如潮！後來在 1854 年 5 月 5 日，藝術評論家羅斯金（John Ruskin）寫了一封公開信給《倫敦時報》(*The Times*) 詳述《世界之光》的符號意象，這幅畫作才「重見天日」。羅斯金對《世界之光》的評語是：「人類歷史上屈指可算的最優秀基督教藝術作品。」

「世界之光」就是耶穌，耶穌站在一扇爬滿藤蔓的門外——

這扇門顯然象徵人的心門——這個人似乎從沒有邀請過耶穌進入他的心。耶穌站在門外叩門，他耐心的等候——等候那人作出回應——等一下！有人注意到一個小節，那人問亨特說：「嗯，你忘記了畫門把呢！」

「不，那是故意的。這扇門只有一個門把——在裏面。」亨特答道。

換言之，我們必須自願打開心門邀請耶穌進裏面來，因為耶穌不會硬闖我們的心門！神賜我們自由，我們打開心門與否，全是我們的決定。如果我們打開心門，耶穌應許道：「我要進到他那裏去，我與他、他與我一同坐席。」「一同坐席」是關係的表徵，換言之，耶穌會跟向他打開心門的人建立關係。

耶穌又應許與他和好的人，永不會撇下他們。耶穌對門徒說：「我常與你們同在。」（馬太福音 28:20）我們不會每時每刻與耶穌談話，但耶穌無時無刻不在我們身邊。我們和朋友共處一室，不會談個沒完沒了，卻總可以感受到朋友的同在。主耶穌與我們同在也是這樣。

耶穌應許他常與我們同在，這應許與耶穌的另一應許密切相關——耶穌應許信他的人可得著永生（約翰福音 10:28）。我們從前說過，新約聖經所說的「永生」不但關乎生命長短、也關乎生命素質。人與神建立了關係，就可得著永生（而人與神和好，唯獨藉著基督〔約翰福音 17:3〕）。我們經歷過耶穌所賜的豐盛生命（約翰福音 10:10），就可以初嘗永生的滋味——神所賜的豐盛生命不僅在今世，也在永永遠遠。

耶穌從死裏復活，其實關乎我們的過去、現在、將來。耶

穌復活關乎過去：他在十字架上成就了救贖大功——「耶穌復
活不是捲土重來，而是高唱凱歌。」[1]　耶穌復活也關乎現在：
耶穌今天活著——因此我們今天就可以從他得著莫大的能力與
豐盛的生命；耶穌復活更關乎將來：人死後並非一了百了，今
生之後還有來世；歷史並非漫無目的、也非循環不息——歷史
有一個光榮的終局：有一天耶穌會再臨世間，建立新天新地（啟
示錄 21:1），信耶穌的「要與主永遠同在」（帖撒羅尼迦前書
4:17），地上不再有眼淚、苦痛、誘惑，因為地上不再有罪、也
不再有生離死別。信主的會面對面見耶穌基督（哥林多前書
13:12）、得著永不朽壞的復活身體（哥林多前書 15 章）、並且
會像基督（約翰一書 3:2）——「新天新地」是滿載喜樂與愉悦
的地方！有人笑說：那豈不是單調乏味之極嗎？我們不要忘記
聖經的說法：「神為愛他的人所預備的，是眼睛未曾看見、耳
朵未曾聽見、人心也未曾想到的。」（哥林多前書 2:9；以賽亞
書 64:4）

魯益師在《納尼阿遊記》（*Chronicles of Narnia*）的一段話
可說是「新天新地」的寫照：

> 學期結束了，假期才剛剛開始呢。……夢已醒了——天剛破
> 曉。……他們在今世所經歷的，……不過是那故事書的封面
> 頁——他們終於可以翻開第一章了——這故事世人未曾讀過
> ——這故事沒有結局，總也一直延續下去——卻是一章更勝
> 一章。[2]

1.　Lesslie Newbigin, *Foolishness to the Greeks* (SPCK, 1995).

2.　C. S. Lewis, *The Last Battle* (HarperCollins, 1956).

耶穌的大功

有一本書名為《天堂，我來也！》（*Heaven, Here I Come*），我記得在大學時期看見那本書的書名，只覺得作者好大的口氣！事實上，如果單靠人的努力，的確**沒有人**可以說出「天堂，我來也！」這樣的話。如果上天堂與否，只取決於我們在世行為的話，我知道起碼對我來說，就想也不用想了。

好消息是：人上天堂與否，根本不在乎人努力幾何——端在乎耶穌在十字架上所成就了的大功。藉著耶穌的救贖大功，神願意賜我們永生（約翰福音 10:28；羅馬書 6:23）。永生是神賜人的禮物、是神白白賜下的，我們理應存感恩的心，領受神的禮物。

永生雖是神白白賜人的禮物，但神為這份禮物著實付了高昂的代價——就是他獨生愛子耶穌的生命。我們若想領受這份禮物，就必須甘心撇下一切不合神心意的思想行為（就是那些損害我們生命、導引我們步向「死亡」的事〔見羅馬書 6:23〕）——聖經稱這行動為「悔改」（按：不僅悔疚，更要改過遷善）。我們藉著認罪悔改、信靠基督，就得以領受神的禮物。

「信靠」是甚麼意思？蘇格蘭宣教士帕坦（John Patten, 1824-1907）曾經跑到西南太平洋的新赫布里底群島（New Hebrides）向土著傳講耶穌，那些土著是食人生番，因此帕坦的生命朝夕受威脅。其後帕坦安頓下來，定意要把約翰福音翻譯成當地語言，但他翻譯之際，發現在當地語言中根本沒有表達「信靠」或「信任」的詞——因為當地土著從不信任別人。

帕坦必須自創一個詞來表達「信靠」的意思，他搜索枯腸，

終於想出一個尋找新詞的辦法來：他把他的土著僕人喚來，在他僕人面前一屁股坐在椅子上，然後提起雙腿，再問他僕人說：「我這樣子在幹甚麼？」他僕人用了一個動詞回答他，那動詞的意思是「把整個身子靠在一處」──帕坦於是採用這動詞來表達「信靠」的意思，因為「信靠基督」，就是「把整個身子靠在耶穌基督（並他在十字架上所成就的救贖大功）之上」。

布倫丁（Blondin）是法國著名走繩索雜技人格雷萊（Jean-Francois Gravelet, 1824-1897）的藝名，他最出名的表演，是在一條懸在尼亞加拉瀑布（Niagara Falls）高 50 米、長 335 米的繩索上施展各種高難度動作。

布倫丁每一次表演，都會引來大批群眾駐足觀看。他會先拿著平衡杆在繩索上來回走幾次，然後拋開平衡杆作出一些驚人表演。1860 年英國一批皇室成員前往尼亞加拉瀑布觀看布倫丁表演，布倫丁的表演包括：踩高蹺走繩索、蒙眼走繩索、在繩索上煎蛋餅吃等等。最後，布倫丁拿出一輛獨輪車，在繩索上由一端推到另一端，然後把一大袋馬鈴薯放進獨輪車，再把它推回起點去，觀眾都看得心花怒放、掌聲雷動。

布倫丁表演完了，突然走到英國皇室成員觀賞席前，向紐卡素公爵（Duke of Newcastle）問道：「你信不信我可以用那輛獨輪車載人從繩索這一端走到那一端去？」

「嗯，我相信。」公爵答道。

「那麼你進那車子去吧！」布倫丁說。觀眾立時鴉雀無聲，要看公爵如何反應──公爵微笑著婉拒了布倫丁的邀請。

「有沒有人相信我可以載他過去？」布倫丁朗聲道。似乎沒

有人願意冒險——不料一個老婦驀地走出來爬進獨輪車去,布倫丁也真的把她從繃索一端推到另一端去,再折返回起點去。原來那老婦不是別人,正是布倫丁的母親,唯有她願意把性命交託兒子手中——信靠基督不僅是頭腦上的事,我們必須全身投入,把生命一切交託耶穌基督手中。

我們接受了神的禮物,就不能遮遮掩掩,彷彿害怕被人發現的樣子!我們要敢於在人前承認自己是基督徒(羅馬書10:9-10),並與神的子民相認相交(希伯來書11:25)。我們並非靠賴「認罪悔改、信靠基督、公開認主」換取救恩——救恩不是人努力可以賺回來的,而僅僅是耶穌基督為我們成就、白白施予我們的,但我們必須親自「認罪悔改、信靠基督、公開認主」——這是得著救恩之道。

救恩源於神的大愛:「神愛世人,甚至將他的獨生子賜給他們,叫一切信他的,不至滅亡、反得永生。」(約翰福音3:16)按著定命,我們都要「滅亡」,但神愛我們、差遣他獨生愛子耶穌為我們死,把我們從沉淪的景況中救拔出來。藉著耶穌的代死,凡信他的人都可以得著永生。

耶穌在十字架上擔當世人一切罪,這件事在舊約以賽亞書(寫於主前好幾百年)早有預言。以賽亞先知預言「受苦的僕人」要為世人承擔罪罰——「我們都如羊走迷,各人偏行己路,耶和華使我們眾人的罪孽都歸在他身上。」(以賽亞書53:6)

以賽亞先知的意思是:世人都犯了罪(「各人偏行己路」),以賽亞書59:1-2又告訴我們,罪會使人與神分開——人總覺得神很遙遠,這是理由之一。

世人都犯了罪，耶穌卻不曾犯罪，他在人而論、在神而論，都是完美無瑕的。耶穌與父神之間沒有任何隔阻，可是父神把我們的過犯（「罪孽」）都歸在被釘十字架的耶穌身上，所以耶穌在十字架上呼喊道：「我的神！我的神！為甚麼離棄我？」（馬可福音 15:34）在那黑暗的一刻，耶穌與父神分開了，不是為耶穌的過犯、而是為我們的過犯。

藉著主耶穌的死，人神之間的阻隔消除了。凡信耶穌的人，都可以與神復和、得著神的赦免、克服心中的罪疚。保羅說：「如今那些在基督耶穌裏的，就不定罪了。」（羅馬書 8:1）我們可以確定自己得著永生，因為主在十字架上成就了代贖大功。

聖靈的印證

我們接受了主耶穌，神的聖靈就會進入我們的心、並常與我們同在。聖靈的工作是多方面的，我們且檢視其中兩方面，

看聖靈怎樣印證我們在基督裏的新生命。

一、聖靈從我們裏面改變我們，使我們得著主耶穌的品格——聖經稱之為「聖靈所結的果子」：「仁愛、喜樂、和平、忍耐、恩慈、良善、信實、溫柔、節制」（加拉太書5:22-23）。聖靈進到我們心裏，我們生命就會結出這些果子。

我們的品格改變了，旁人就會察覺出來——這當然不是一朝一夕的事。前些日子我和家人在家中後園種了一棵梨樹，我差不多每一天都去看一下，看看果子結出來了沒有。有一天我一個朋友（就是本書的插畫作者Charles Mackesy）跟我開玩笑，他把一個很大的青蘋果結在我的梨樹上，然後叫我出去看。我雖然傻，也不致相信梨樹會結出青蘋果！樹需要時間才可以結出果子，我們也需要時間才可以在基督裏長進，我們的生命會逐漸有更多愛心、喜樂、平安、忍耐、良善、節制。

除了品格改變，我們與神、與人的關係也會起變化：我們會愛神（父、子、聖靈）更多。舉例說，剛信主的人會對「耶穌」這個名字生出前所未有的感覺。我未信主之前，每逢在收音機（或電視機）聽到關乎耶穌基督的題目，總會不期然的關掉收音機（或電視機）；我信了主後，遇到同樣情況，卻會把音量調高——因為我對神的態度改變了。這不過是一個小小例證，讓我知道自己對神有了感情。

我們待人的態度也會改變。我聽過很多剛信主的人說，他們信主之後，才突然留意起街上或公車上的陌生面孔來。他們從前對陌生人不感興趣，信主後卻會尤其關心那些看似哀傷、迷惘的臉孔。以我自己為例，我待人態度的最大轉變，是我從

前不喜歡與基督徒搭訕,信主後,才發現基督徒原來並不那麼討厭!我信主後與一些弟兄姊妹在基督裏建立的深厚情誼,是我從前不曾經驗過的。

二、除了可見的改變,聖靈還會幫助我們深深感受神的實在。聖靈會從我們內心深處印證我們是神的兒女(羅馬書8:15-16),這經驗對每一個基督徒來說都是獨一無二的。

塔卡爾(Carl Tuttle)牧師來自破碎家庭,他的童年又苦又短,曾經不斷遭受父親虐待。他成年後信了基督。有一天,他很想清楚知道神的旨意,於是走到郊外去,打算靜靜躲起來禱告一天。不料他禱告了十五分鐘,就覺得自己白費心機——他完全感受不到神的同在!他只好駕車回家,沮喪得不得了。

卡爾回到家中,突然想看一看兩個月大的兒子。他走到兒子房間,把兒子擁在懷裏,心中忽然湧起強烈的父愛。卡爾一邊哭著一邊對兒子說:「兒子啊,我愛你,我全心全意的愛你!無論發生了甚麼事,我永遠不會傷害你,我會永遠保護你,我永遠是你的父親、你的朋友,我會永遠照顧你、養育你,無論你犯了天大的錯,無論你背棄了我、還是背棄了神,我也會永遠照顧你、養育你。」卡爾說著說著,突然覺得自己躺在父神的懷裏,父神彷彿對他說:「卡爾啊,你是我的兒子,我愛你!無論你做了甚麼錯事,無論你去到哪裏,我也會照顧你、供養你、指引你的路途。」

聖靈就是這樣的「與我們的靈同證我們是神的兒女」(羅馬書8:16)。聖靈是我們與神和好、蒙神赦免、得神賜予永生的憑證。聖靈的印證是客觀的——我們的品格會變得越來越好、

與神、與人的關係會有所改善；聖靈的印證也是主觀的——我們會深深覺得自己是神的兒女。

藉著神的話語、耶穌的大功、聖靈的印證，信主的人可以確定自己是神的兒女，並已經得著永生。

自信不等於自大。我們的信念，有父神的應許、耶穌的代贖、聖靈的果效為基礎。我們可以成為神的兒女，實在是無比光榮的事——我們可以與神和好、蒙神赦罪、作主門徒、得享永生。

5

為甚麼要讀聖經？怎樣讀聖經？

那是 1974 年情人節的晚上。我去完舞會，回到大學宿舍，我最好的朋友忽然和他女朋友（現在是他妻子了）跑進我的房間來，告訴我他們一起信了耶穌！我給他們搞糊塗了——還以為他們被統一教徒（Moonies）洗了腦！無論如何，我決定盡快拯救他們。

我在大學時期是無神論者——偶爾也是不可知論者——我不能確定自己信甚麼！我小時候受過洗、行過堅信禮，但基督教對我來說，不過是一連串禮儀罷了。我在小學中學時期經常上教堂，在學校的基督教教育課又讀過不少聖經，可是不知道為甚麼，我後來竟然會激烈反對基督教信仰，更自以為已經駁倒了基督教的所有教義。

我很想拯救我的朋友，於是我先做一點功課——我計劃研讀《可蘭經》、馬克思選集、沙特（Jean-Paul Sartre）的存在主義著述、聖經——恰巧書架上有一本塵封已久的聖經，於是我先向聖經下手。我看完馬太福音、馬可福音、路加福音，約翰福音看了一半，就睡著了。我醒來後看完約翰福音，再往後看下去：使徒行傳、羅馬書、哥林多前書、哥林多後書——我越

看越不能把聖經放下——我從前也看過聖經，總覺得不外如是，可是這一次不同了，我覺得聖經一字一句都是真理！聖經的話更彷彿不斷催促我要作出抉擇——沒多久後，我接受了耶穌基督做我救主。

從那一天起，聖經成了我的「喜愛」。詩人說：

> 不從惡人的計謀、不站罪人的道路、不坐褻慢人的座位，惟喜愛耶和華的律法，晝夜思想，這人便為有福。他要像一棵樹，栽在溪水旁，按時候結果子，葉子也不枯乾。凡他所作的，盡都順利。　（詩篇 1:1-3）

我很喜歡「惟喜愛耶和華的律法」這個片語。詩人當時有的聖經不過是摩西五經（按：就是聖經的頭五卷書），這五卷書是詩人的「喜愛」。在本章我們要看聖經的獨特之處，我們還要看為甚麼要讀聖經，又怎樣使聖經成為我們的「喜愛」。

一、聖經銷量無匹。據估計，聖經年銷量達到 4,400 萬本，平均每一個美國家庭擁有 6.8 本聖經。近日《倫敦時報》（*The Times*）有一篇專文，副標題是〈甚麼是每年最暢銷的書？當代小說？電視雜誌？都不是——聖經才是每年最暢銷的書〉：

> 一如既往，遙遙領先的榜首書是……聖經。如果我們把聖經的銷量如實報上暢銷書榜，我相信榜上除了不同版本的聖經，就再沒有其他書了——這在今天日漸「無神」的世代，可謂咄咄怪事。現下出版界百花齊放，書種越出越多，但聖經依舊一支獨秀，銷量無出其右。……據估計，每年單單在英國售出的聖經，就有 125 萬本。

作者總結道：「在**任何日子**，聖經**各個版本**都銷量驚人！

聖經公會認為理由何在？……『聖經是好書嘛！』聖經公會的人解釋道。這答案合情合理，我無話可説了。」

　　二、**聖經威力無量。**前英國首相鮑德溫（Stanley Baldwin）説過：「聖經是烈性炸藥，功效無與倫比！沒有人明白、也沒

有人可以解釋：一本古書怎可以風行萬國萬族，震撼無數心靈，又把各色人等融於同一的新生命、新世界、新信仰、新觀念、新宗教。」近年間英美等地興起一股秘術熱潮，很多人玩靈乩板（ouija board）、看秘術電影、迷信星座運程、占卜問卦，這些人不過想接觸超自然界而已。不幸的是，這些人會在無意之間交了鬼（超自然邪惡力量）也不自知！其實神已經賜下聖經，讓我們藉著聖經與他（超自然良善力量）相交——有限的人與永生的神相遇相知，才真是刺激無比、可信可靠的賞心樂

事。

三、聖經珍貴無雙。十六年前我和家人有機會到前蘇聯某個中亞共和國度假，那時蘇聯境內嚴禁聖經進口，但我仍決定帶一些基督教書籍進去，當中有俄文聖經。我每逢主日就到當地的教堂去——我會偷看周圍的人，嘗試猜測他們是基督徒不是（當時的宗教聚會總有不少國安局〔KGB〕人員混入會中）。有一天主日崇拜後，我跟隨一個六十來歲的男人離去，我們走到一處四下無人的地方，我上前拍了那男人的肩頭一下，他轉過身來，我拿出一本俄文聖經給他，他呆了一會兒，然後從口袋裏拿出一本陳舊不堪的新約聖經給我看。他的聖經是古董了，每一頁都給翻得透光！他看著我給他的聖經，知道那是新舊約全書，開心得不得了。他不曉得說英語，我也不懂半句俄語，我們只是相擁而笑。其後我看著他笑著跳著的離去——他得著了世上最貴重的珍寶。

聖經銷量無匹、威力無量、珍貴無雙——何以如此？耶穌說：「人活著不是單靠食物，乃是靠神口裏所出的一切話。」（馬太福音4:4）「出」在原文是現在時態，換言之，是「不停湧出」，像活泉那樣的永不止息。神實在樂意時刻與他的子民溝通——神與我們交談，主要就是藉著聖經的話。

生命指南——神說了

希伯來書1:2說：「神……藉著他兒子〔耶穌基督〕曉諭我們。」我們說基督教信仰是啟示（「曉諭」）的信仰，意思就是：若非神向人啟示自己，人絕不能認識神——但神已經向世人啟

示自己——神自我啟示的高峰，就是耶穌基督——道成肉身的那一位。

我們認識耶穌的最主要途經，就是研讀神在聖經中的啟示。神學是甚麼？理應是研究神在聖經中的啟示——不過神也藉著萬有創造啟示自己（羅馬書 1:19-20；詩篇 19 篇）。自然科學是甚麼？理應是探究神在萬有創造中的啟示（科學與神學不應該有衝突——恰恰相反，兩門學科理應互相取長補短）。此外，神也藉著他的靈直接向人說話：預言、夢境、異象、別人口中的話——我們稍後還會探究這課題（尤其在本書第 7 章），現下我們先看神怎樣藉著聖經向人說話。

保羅論到聖經的本質與功用：「聖經都是神所默示的，於教訓、督責、使人歸正、教導人學義，都是有益的，叫屬神的人得以完全，預備行各樣的善事。」（提摩太後書 3:16-17）

「神所默示的」原文是 *theopneustos*，直譯過來是「神所呼出的」，換言之，聖經是「神的話語」。不過聖經也百分百是人的著述，同時百分百是神的默示（正如耶穌是完全的人、又是完全的神）。

耶穌看聖經為神的啟示——聖經的話，就是神的話（馬可福音 7:5-13）。我們身為耶穌的門徒，必須以耶穌看待聖經的態度看待聖經。「人若相信耶穌基督是神賜人的至高啟示，就要同時相信聖經是神的默示——舊約是神的默示，因為耶穌曾經親自為舊約作見證；新約是神的默示，因為新約是耶穌的見證。」[1]（譯注：上述徵引來自文翰〔John Wenham〕，他的

---

1. John W. Wenham, *Christ and the Bible* (Tyndale: USA, 1972).

論點概略如下：如果新約福音書的記載大致屬實，它的主題也當然大致屬實。福音書的其中三個主題，是耶穌以舊約為神的話、以自己的教導為神的話、以使徒的教訓為神的教訓——文翰認為，歸根究底，人對聖經的信心，是從人對基督的信心而來，兩者的先後次序不可倒轉。）

從古到今、世界各地的正統教會，幾乎一致持守上述聖經觀。第二世紀神學家愛任紐（Irenaeus）說：「聖經是完全的。」十六世紀宗教改革發起人馬丁路德（Martin Luther）說：「聖經全無錯謬。」天主教第二次梵帝岡會議（Vatican II）也列明：「聖經是在聖靈默示之下寫成，……作者是神，……因此絕對無謬。」今天雖然有不少人質疑上述聖經觀，但它始終是基督教主流宗派的共同立場，也是今時今日不少有識之士的信仰。

聖經沒有錯謬，不等於說沒有疑難——甚至使徒彼得也說使徒保羅「信中有些難明白的」（彼得後書 3:16）！聖經疑難有的關乎道德、有的關乎歷史、有的關乎邏輯。有的聖經疑難不難解決，只要我們瞭解各經卷的語境文脈，疑難自然迎刃而解——我們必須緊記：整部聖經寫作時間超過 1,500 年，作者至少

有40位，當中有帝王、學者、哲士、漁民、詩人、官員、史家、醫生，寫作文體各有不同：歷史、詩歌、預言、啟示、書信。

有些聖經疑難關乎語境文脈，但也有些聖經疑難未有圓滿答案——不過我們無需因此摒棄「聖經是神所默示」的信念！事實上，基督教幾乎每一條重大信條都有疑難！譬如說，如果神愛世人，世上為甚麼會有苦難？基督徒相信神愛世人，這是基督徒思考的起點，基督徒必須從這起點出發，嘗試透悉苦罪之謎。我們面對聖經疑難，同樣必須以「聖經是神所默示」為思考的起點，進而深究那些難解經文的意思——重要的是，不要迴避疑難，倒要竭力尋根究底。

就算我們未能即時解答一切疑難，必須緊記的是：我們仍要持守「**所有**聖經都是神所默示」的信念！我們若能堅持到底，生命必然得著改變。葛培理（Billy Graham）還是個小伙子時，有一班朋友（其中一人名叫查克）不斷對他說：「你不可能相信聖經每一句話吧！」葛培理越聽越心慌，信心開始動搖。《葛培理傳》（*Billy Graham: the Authorised Biography*）作者波洛克（John Pollock）把葛培理當時的心路歷程記下：

> 我回到家中，拿起聖經到後園去。我在銀色的月光下，走到一棵樹前，把聖經放在樹墩上，跪下來禱告說：「神啊，我實在辯不過他們！查克的問題、還有其他人的問題，我都解答不了！可是無論如何，我憑信心認定這本書是神的話語。」我默默的禱告，眼睛都濕了。……我深深感受到神與我同在，心中滿有平安，因為確信我的決定是對的。」[1]

1.　John Pollock, *Billy Graham: the Authorised Biography* (Hodder & Stoughton, 1966).

如果聖經真是神所默示的，它的權威自然毋容置疑！如果聖經真是神的話語，它理應是我們信仰生活的終極權威。在耶穌而言，聖經是他信仰生活的終極權威——這權威高於宗教領袖的法規（例：馬可福音 7:1-20）、有識之士的睿語（例：馬可福音 12:18-27）——話雖如此，我們可要尊重宗教領袖、有識之士的見解，但他們的見解不可違反神的話語。

我們務要使聖經成為「所信所行」的準則。我們要緊記提摩太後書 3:16 的話：「聖經都是神所默示的，於教訓、督責、使人歸正、教導人學義，都是有益的。」

一、聖經是我們信仰（「所信」）的權威——「教訓」、「督責」：我們從聖經可以得知神對苦難、耶穌、十字架、……的看法——既是神的看法，我們理當信從。

二、聖經是我們行事（「所行」）的權威——「使人歸正」、「教導人學義」：我們從聖經可以得知神的是非黑白觀念，從而生出義來。譬如說：「十誡……清楚列明社會、民族、國家所必須遵行的最低標準，叫人活得清醒、公義、文明。」[1]

聖經有的教導明白不過，可以成為我們的生活指引、工作守則、處事準繩。譬如說，聖經告訴我們：獨身可以是神的特別揀選（哥林多前書 7:7），但獨身是例外情況，嫁娶才是常規（創世記 2:24；哥林多前書 7:2）。聖經告訴我們：在婚姻以外的性關係都是錯的；聖經告訴我們：人應該自食其力、仗義疏財、樂於饒恕別人過犯；聖經也教導我們養育孩童、照顧父母長輩之道。

---

1. Bishop Stephen Neill, *The Supremacy of Jesus* (Hodder & Stoughton, 1984).

有人說：「我不要這律法書，太束縛人了！都是不准這、不准那！我要自由！如果事事聽從聖經，就不能盡情享受人生了。」這話當真？聖經會叫人喪失自由嗎？還是叫人得著自由？事實上，神的規條反而叫人得著自由，得以享受生命。

幾年前，我帶了我的八歲兒子參加一場足球比賽，球證是我的朋友安迪（安迪也是球隊的教練）。不料當日球賽時間到了，安迪還不見人。二十二個孩子等不及了，於是我被迫做起球證來——但我有幾個難題：一、我沒有哨子；二、比賽的空地沒有任何界線；三、我不知道孩子的名字，他們又沒有穿球衣；四、我根本不大懂得足球規例。

球賽很快就演變成暴亂！有人喊叫：「出界！」有人喊叫：「界內！」我不肯定誰是誰非，於是讓球賽繼續！然後有人大叫：「犯規！」另人大叫：「沒有！」我不清楚有沒有犯規，於是讓球賽繼續！有人開始受傷——幸好安迪及時現身，卻已經有三個孩子倒在地上，其餘的都在向我怒吼！安迪到場先吹哨子召集眾人，把孩子分為兩隊，設定場地界線，然後吹哨子重新開始球賽。安迪指揮若定、氣定神閒，孩子都盡興而返。

沒有規範之下，孩子的自由是多了還是少了？缺乏有效的權威約束行為，孩子看似可以隨心所欲，但結果是一片混亂、傷兵遍野！孩子都寧願知道界線所在，他們就能在界線內享受球賽。

聖經就像神賜予人的規範（甚麼是「界內」、甚麼是「界外」）——是非對錯的標準。我們只要按照神的規範行事，就可以得著自由滿足。如果我們犯規，就會有人受傷。神吩咐人「不

可殺人」，不是為了破壞我們的人生樂趣！神説「不可姦淫」，不是為了掃我們的興！神只是不願意有人受傷——如果人人拋妻棄子、任意妄為，就會有很多人受傷害。

我們閱讀聖經，就能明白神的旨意。我們明白神的旨意越多、實踐神的旨意越多，就越覺得自由自在。神已經説了——我們要留心聽神説了甚麼。

情書——神仍在説

在一些人心目中，聖經僅僅是無所不包的生命指南而已。這些人相信，神在聖經裏已經把要説的一切都説了！他們日夜研讀聖經，查考解經書籍（這些當然不是錯事），但他們似乎忘記了一件事：神不但在過去説話，神在今天仍然説話——也是藉著聖經。神渴望與我們建立關係，願意天天藉著聖經與我們交談！聖經除了是生命指南，也是神寫給我們的情書。

聖經的主旨，是表明人可以怎樣藉著耶穌基督與神建立關係。耶穌説：「你們查考聖經，因你們以為內中有永生；給我作見證的，就是這經；然而，你們不肯到我這裏來得生命。」（約翰福音 5:39-40）

前英國羅切斯特（Rochester）主教夏維茲（Christopher Chavasse）説：

聖經是一幅主耶穌基督的畫像。福音書是畫中的主體；舊約是主體的襯托背景（是全幅畫不可或缺的部分）；新約書信是主體的衣飾，讓人更瞭解主體的出身與性格。我們閱讀聖經，就像觀看主耶穌基督的畫像——奇妙的是，畫中人更會

走出畫框，與我們面對面的交談——以馬忤斯路上的主，是
永活的基督，他要親自作我們的老師，為我們闡釋聖經中一
切講論他的話。

我們不要只懂得研讀聖經，卻忘了與耶穌基督會晤。馬丁
路德說：「聖經是嬰孩耶穌躺臥的馬槽——我們不要只顧欣賞
馬槽，卻忘了敬拜聖嬰。」

人神關係是雙向的。我們在禱告中向神說話，神也會藉著
各種方法向我們說話——但聖經是神向人說話最常用的中介：
神常常藉著他「已說出的話」向我們說話。希伯來書作者引述
舊約聖經說：「聖靈有話，說：……（譯注：這裏『說』是現
在時態）。」（希伯來書 3:7）聖靈不但在過去向人說話，今天
也會藉著昔日「已說出的話」向人說話——我們說聖經的話「活
潑有效」，就是這個意思。馬丁路德說：「聖經活潑有效，常
向我說話；聖經有腿，常追逐我；聖經有手，常抓住我。」

神藉著聖經向人說話——會有甚麼果效？**一、神可以引領
本來不是基督徒的信主。**保羅說：「信道是從聽道來的，聽道
是從基督的話來的。」（羅馬書 10:17）。很多人（包括我自己
在內）相信耶穌基督，都是因為閱讀聖經的緣故。

蘇查特（David Suchet）是著名莎士比亞劇演員，他幾年前
有一天身在美國一家旅館，躺在浴缸裏面，卻不知怎的突然
很想看聖經。他終於弄來一本聖經，翻到新約部分開始閱讀，
一面讀、一面接受了耶穌基督！他憶述當時的情景說：

> 我不知怎的很想看聖經，那是我信主的轉捩點。我從使徒行
> 傳開始看，然後看羅馬書、哥林多前書、哥林多後書，再回

到福音書去——我突然在新約聖經裏找到人生真義。[1]

二、神向基督徒説話。我們讀聖經多了，就會經驗到神（藉著耶穌基督）在我們身上的改變大能。保羅説：「我們眾人既然敞著臉，得以看見主的榮光，好像從鏡子裏返照，就變成主的形狀，榮上加榮，如同從主的靈變成的。」（哥林多後書 3:18）我們讀聖經，就可以與耶穌基督交往——這實在是奇妙不過的事：我們竟然可以與新約聖經所記的耶穌基督交談！我們讀聖經，耶穌基督就能向我們的心説話，我們與耶穌基督交談多了，就會越來越像他。

與主交往、聽主聲音，實在是非常蒙福的事。神常常賜我們喜樂與平安，即使我們落入困苦中（詩篇 23:5）。我們有時會迷失方向，神就藉著他的話導引我們（詩篇 119:105）。箴言4:22 説：神的話是「醫全體的良藥」。

聖經又可以保守我們免受邪靈攻擊。聖經有幾處地方記述耶穌怎樣面對試探：馬太福音 4:11 記載耶穌在公開事奉之初曾被魔鬼試探，耶穌每一次都以一節經文回敬魔鬼。最奇妙的是，耶穌回答魔鬼的三處經文都來自申命記 6-8 章。我們也許可以由此推論，耶穌在曠野的四十天，剛好在默想申命記的教訓，所以記憶猶新。

神的話大有能力。希伯來書 4:12 説：「神的道是活潑的、是有功效的，比一切兩刃的劍更快，甚至靈與魂、骨節與骨髓，都能刺入剖開，連心中的思念和主意，都能辨明。」神的話可以穿越一切虛言巧語，直透人的內心。我記得有一次讀到腓立

1.　*Family Magazine.*

比書 2:4 説：「各人不要單顧自己的事，也要顧別人的事。」那
些話突然像箭一樣直透我的心，讓我看清楚自己當時的私心。
這不過是其中一例，神的話實在活潑有效。

　　神有時會用很特別的方式向我們説話。我父親在 1981 年 1
月 21 日去世，當時我信主已有七年。我父母起初知道我信了耶
穌，完全接受不了，後來隨著年月過去，他們看見我的改變，
才逐漸接納我的信仰，我母親後來更成為很熱心的基督徒；我
父親是個寡言的人，他起初質疑我的信仰，後來逐漸不那麼抗
拒了。父親的死來得十分突然，但我最難受的是，我不能確定
父親是否信了主。

　　父親離世整十天了，但我禱告讀經的時候，仍放不下這心
頭大石。我求神讓我知道父親究竟信了主沒有。我碰巧讀到羅
馬書，有一節經文格外觸動我：「凡求告主名的，就必得救。」
(羅馬書 10:13) 我覺得神藉著這一節經文告訴我：我父親曾求
告主名並「得救」了。五分鐘後我妻子突然走向我説：「我
剛剛唸到使徒行傳 2:21，覺得那一節經文是指向你父親説的：
『……凡求告主名的，就必得救。』」這實在奇之又奇，因為這
一段信息，在新約聖經中只出現過兩次——神竟在同一時間、
藉著兩處經文，向我們夫婦二人宣告同一信息。

　　三天後，我和妻子到一個朋友家中查經，當日查考的經文
竟然就是羅馬書 10:13——神在三天之內三次告訴我同一信息！
但我仍然放心不下！有一天上班途中，我仍然想著父親是否信
了主的事，我從地下鐵路車站出來，迎面看見一幅巨型廣告牌，
上面寫著：「凡求告主名的，就必得救。」後來我與一個朋友

提起這幾天發生的事，他可真的幽了我一默：「啊呀，你有沒有想過——可能神有話要告訴你呢！」

神向我們說話多了，我們就逐漸曉得分辨神的聲音；我們與神的關係會增進，我們會愛主更多。

怎樣藉著聖經傾聽神的聲音？

人最寶貴的資產是時間。人年紀越大，要負的責任越重，時間就越來越不夠用。有人說：「金錢是權力，但時間是生命。」我們如果想有時間讀聖經，就得好好計劃分配時間。我們若不事先計劃，就永遠只能光說不做！話又說回來，如果你偶爾不能完成計劃，也不用灰心喪志——人有時睡過頭，是難免的事！

重要的是，計劃開展之初，不要把目標定得太高，必須量力而為！寧願起初每天只讀聖經幾分鐘，強如第一天讀聖經兩個鐘頭、第二天就放棄！如果你從未讀過聖經，我會建議你在開始的時候每天只撥出七分鐘時間——如果你能堅持下去，我肯定你每天的讀經時間會自動增加，因為你讀神的話越多，越想知得更多。

馬可福音 1:35 告訴我們，耶穌在天未亮的時份就起來到**曠野**去禱告。我們要靜心閱讀聖經，就得找一處不會被人騷擾的地方。如果我在郊區過夜，我會在清晨獨自一人走到戶外讀聖經——我家在倫敦這樣的大城市，比較難尋找「曠野」之地，因此我把家中房間一角闢作每天禱告讀經的地方。讀經時間方面，我認為最好的時間是清晨：那時候孩子還未起床、電話還

未響個不停！我會弄一杯熱巧克力（用作提神！），身邊帶著
聖經、日記本（記下詳細禱告事項，或突如其來的浮思掠想，
以免注意力分散）、筆記本（記下自己的禱告、並一切我認為
神要告訴我的事）。

　　我們讀聖經前，要求神藉著我們將要讀的經文向我們說話，
然後才開始用心讀。如果你剛剛信主，我會建議你每天讀幾節
福音書。如果你覺得需要讀經指引，可以前往基督教書室購買。

　　你要一面讀、一面問自己三個問題：

　　1. 這段經文說了甚麼？你要最少讀一遍。如有需要，可參
考不同的聖經譯本。

　　2. 這段經文有甚麼意思？這段經文對作者有甚麼意義？對
第一批聖經讀者又有甚麼意義？（讀經指引可以幫助你解答上
述問題。）

　　3. 這段經文怎樣應用在我個人、家庭、工作、認識的人、
身處的社會之上？（這是最重要的一步，唯有我們發現聖經與
日常生活息息相關，才會有動力繼續下去——因為確知聽到了
神的聲音。）

　　最後一點，我們必須實踐從神聽回來的道理。耶穌說：「所
以，凡聽我這話就去行的，好比一個聰明人，把房子蓋在磐石
上。」正如慕迪（D. L. Moody）說：「聖經不是為增進人的知
識而寫，聖經是為改變人的心而寫。」

　　在本章結束前，我想再看詩篇第 1 篇，就是本章開始時提
過的舊約經文。詩人勉勵我們要「喜愛」神的話，又應許那些
喜愛神話語的人，生命會有所改變：

一、我們會**結果子**。詩人說：「他要像一棵樹，栽在溪水旁，按時候結果子，……」（節 3）神的應許是：我們的生命會結出聖靈的果子（見本書第 4 章）。不單我們的生命得著好處，我們身邊的人也會得著好處——聖靈所結的果子不但造就自己，也造福我們身邊的人（朋友、同事、鄰居等等）。而且，聖靈所結的果子會存到永遠（約翰福音 15:16）。

二、我們會得著能力**堅守主的道**。喜愛神話語的人，神應許說他要像一棵樹，「葉子不會枯乾」（節 3）。

我們只要藉著讀經親近耶穌基督，就不會失去靈性活力（「枯乾」）。人單單有屬靈經驗（無論那些屬靈經驗多麼真實而美妙），仍有不足之處——人如果不是經常親近耶穌基督、在神的話語上打好根基，就不可能承受人生的諸般風浪。如果我們**與主深交、又以神的話為喜悅**，急風巨浪臨到之時，就不用驚慌了。

三、詩人說喜愛神話語的人，「凡他所作的，盡都**順利**」（節 3）。這不是指「榮華富貴享之不盡」；神的應許是：我們必可豐豐足足的得著人一生中最要緊的事——就是與神、與人關係美滿、品格日漸似主樣式——這些事遠比地上的財寶珍貴。

盼望你可以像詩人、與及千千萬萬的基督徒一樣，定意以聖經為你的「喜愛」。

6

為甚麼要禱告？怎樣禱告？

根據調查顯示，每四個英國人當中，有三個說他們每個禮拜至少會禱告一次（按：凡事存疑、世俗不過的英國人，真的會這樣做嗎？）。我未信主前也會禱告，那些禱告可分為兩大類：一、我有一篇禱文，是祖母教我唸的（雖然我祖母不是基督徒）：「求神賜福母親、父親、……還有每一個人，求神使我成為乖孩子。阿們。」這樣的禱告一點沒有問題，但對我來說，那篇禱文不過是每晚臨睡前的例行公事。我晚晚這樣禱告，無非因為相信如果忘記禱告，就會有不幸的事發生。

二、我在急難中也會禱告。我還記得十七歲那一年獨自去了美國旅行，公共汽車公司竟然把我的行李丟了，我的衣服、旅費、通訊記事本統統不知所蹤！我被迫流落在基韋斯特島（Key West）一處嬉皮士社區中，白天到處溜蹺，晚上與一個酒鬼共睡一個營帳！這樣過了十天，我又孤單、又沮喪，終於決定離開基韋斯特島。我日間四處流浪，晚上爬進公車睡覺，這樣又過了好幾天。有一天我走在街上，發狠的向神呼求（我當時仍未信神）：求神讓我碰見我認識的人！不久以後，我在亞利桑那州鳳凰城（Pheonix, Arizona）真的給我碰到一個舊同學！

我同學借了一筆錢給我，又與我同行了幾天，對我來說，真簡
是久旱逢甘露！不過當年我沒有想過那是神應允我的禱告——
我覺得不過是巧合而已。我信了主後，才驚覺一個人在禱告之
後，竟然可以遇見那麼多「巧合」事。

禱告是甚麼？

禱告是我們生命中最要緊的事，因為禱告是我們與天父深
交的主要途徑。耶穌説：「你禱告的時候，要進你的內屋，關
上門，禱告你在暗中的父。」(馬太福音 6:6) 耶穌的意思是：
禱告在乎關係，並不在乎禮儀、更不在乎説得「快而準」。耶
穌説：「你們禱告不可像外邦人，用許多重複話。」(馬太福音
6:7) 我們禱告是與天父交談，是垂直式的溝通，不是水平式的
溝通。有一個小孩子在禱告中大聲喊道：「神啊，求你——我
想要一大盒巧克力做生日禮物！」小孩子母親對他説：「乖乖，
你不用這麼大聲叫啊，神不是聾的。」小孩子答道：「我知道，
可是爺爺是聾的啊，他在隔壁呢！」我們禱告的對象不是人、
不是自己，而是神！禱告在乎關係，人禱告之際，神的三個「位
格」(父、子、聖靈) 都在工作。

基督徒禱告，是向「父」禱告

耶穌教導我們禱告時要説：「我們在天上的父……」(馬太
福音 6:9) 神擁有「位格」(person——按：魯益師〔C. S. Lewis〕
認為神「超越位格」)，位格是神本性的反映，換言之，神不是
一股力量，而是親愛的父親，是我們可以稱呼做「阿爸」(Abba)

的那一位。「阿爸」是亞蘭語（Aramaic），是近東民族對父親最親密的稱呼。我們何等榮幸，竟可以直接向天父禱告！這實在是莫大的特權。

神不但是「我們的父」，更是「我們在天上的父」──神有屬天的大能。我們禱告的對象，是天地的創造主。1977 年 8 月 22 日，美國發射了一枚不載人行星探測器「航行者二號」（Voyager II）上太空，這枚探測器的航行速度是時速 9 萬英里，飛得比子彈還要快，但它在 1989 年 8 月 28 日才飛抵海王星（離地球 27 億英里）。航行者二號離開太陽系後，還要飛 95.8 萬年，才會飛進太陽系以外第一顆恆星的 1 光年範圍之內！我們的銀河系有超過一千億顆恆星，而我們的銀河系不過是全宇宙超過一千億個銀河系之一！創世紀的作者提到神創造眾星，不過輕描淡寫的一句：「神……又造眾星。」（創世紀 1:16）這就是神的能力！著名基督教作家慕安德烈（Andrew Murray）說：「禱告出來的能力，端在乎人能否認清他們所禱告的對象有多大權能。」

我們禱告的對象，是既超越、又內住的神──神遠遠超乎自己創造的宇宙萬有之上，卻又與我們同在，聽我們禱告。

基督徒禱告是藉著「子」

保羅說：「我們兩下〔猶太人與外邦人〕藉著他〔耶穌〕被一個聖靈所感，得以進到父面前。」（以弗所書 2:18）耶穌說：「你們奉我的名，無論向父求甚麼，他就賜給你們。」（約翰福音 15:16）我們本來沒有權利進到父面前，我們得以親近天父，不過「藉著耶穌」（「奉耶穌的名」）。我們習慣以「奉主耶穌的

名」結束禱告，這不是甚麼「秘方」，而是承認並宣告一件事：我們唯有藉著耶穌，才可以進到神面前。

耶穌死在十字架上，把人神之間的阻隔挪去。耶穌是我們的大祭司，他的名帶有至高無上的權柄。

支票的價值，不僅在乎票上寫的金額，也在乎簽發支票的人有財力沒有。如果我寫一張一千萬英鎊的支票給你，你只會一笑置之，因為你知道那張支票一定不能兌現。但如果汶萊國王（舉世公認全世界最富有的人）寫一張一千萬英鎊的支票給你，那張支票就真的值一千萬英鎊了，因為簽發那張支票的人有那樣的財力。世人在「天國銀行」有存款嗎？都沒有！如果我單憑自己的名要在「天國銀行」提款，我一毛錢也拿不到；但如果我憑耶穌的名提款，就提多少錢也沒有問題，因為耶穌在「天國銀行」的信貸額是無限的。

基督徒禱告是靠著「聖靈」（以弗所書 2:18）

我們都覺得禱告不是易事，幸好神沒有撇下我們做孤兒。神賜我們聖靈，住在我們心中，幫助我們禱告。保羅說：「況且我們的軟弱有聖靈幫助。我們本不曉得當怎樣禱告，只是聖靈親自用說不出來的歎息替我們禱告。鑒察人心的，曉得聖靈的意思，因為聖靈照著神的旨意替聖徒祈求。」（羅馬書 8:26-27）在本書稍後篇章，我們要細看聖靈的工作，在此我只略略提一下：基督徒禱告的時候，神會藉著住在我們心中的聖靈替我們祈求。

為甚麼禱告？

禱告是要緊事。人禱告有很多原因，首要的，是我們藉著禱告可以與天父建立關係。有人說：「既然神知道我們的一切需要，為甚麼還要向他求？」我的答案是：沒有溝通，哪來深交？當然我們與神溝通絕不限於祈求──禱告可以有很多種：感恩、讚美、傾慕、認罪、聆聽，但祈求是禱告的重要基礎，我們學習向神求實質的事，眼見神實實在在的應允我們，就能逐漸確立與神的關係。

禱告的第二個原因，是耶穌在世的日子，與父神的溝通從不間斷，他的生命是不息禱告的生命。主耶穌親自作我們的榜樣，並吩咐我們效法他。聖經多次提到耶穌禱告（如：馬可福音 1:35；路加福音 6:12），耶穌的教訓也假設了門徒會不斷禱告──他向門徒說：「你們禱告的時候，……。」（馬太福音 6:7）要注意耶穌不是說：「**如果**你們禱告的話，……。」

禱告的另一大獎勵是：耶穌應許我們，禱告的人必蒙賞賜（馬太福音 6:6）。

> 禱告的無形賞賜實在不勝枚舉。使徒保羅說我們得以呼叫：「阿爸！父！」因為聖靈與我們的靈同證我們是神的兒女。我們從禱告可以確定天父的愛臨到我們：父神光照我們、賜平安給我們；父神使我們的靈魂甦醒，使我們飽足不再饑渴；我們自知不再是孤兒，因為父神收納我們為後嗣；不再是浪子，因為已蒙赦免；不再孤單，因為已找到家。[1]

1.　John Stott, *Christian Counter-Culture* (InterVarsity Press, 1978).

再者，禱告不但可以改變人，也可以改變事。很多人相信禱告對自己有益，卻不容易接受禱告真的可以改變歷史——他們的頭腦過不了這一關。肯特大學（Kent University）的庫恩什克博（Daniel Cohn-Scherbok）認為，既然神預知將來，豈不等於萬事已成定局？《倫敦時報》（*The Times*）宗教版記者朗里（Clifford Longley）說得好：「神活在『永恆的現在』中。對神來說，所有禱告（古今中外）根本沒有時序之分，所以神可以答允下一個禮拜的禱告，讓它應驗在一個月之前——事後禱告也可以聽在事前！」換言之，神有永恆之久的時間，去聽取一個快要撞車的司機在電光火石之際發出的禱告。

耶穌又鼓勵我們向神祈求，他說：「你們祈求，就給你們；尋找，就尋見；叩門，就給你們開門。因為凡祈求的，就得著；尋找的，就尋見；叩門的，就給他開門。」（馬太福音 7:7-8）

每一個基督徒都知道神會應允禱告，這是我們經歷過的事。不過話又說回來，禱告蒙神應允與否，不是基督教信仰真偽的憑據，因為總有一些人會質疑我們禱告的果效，說我們禱告蒙應允的事不過巧合罷了。然而我們眼見禱告蒙應允的事例越多，就越能鞏固對神的信靠。我有記下禱告事項的習慣，眼見「巧合」之事日以繼日、月以繼月、年以繼年不斷發生，就不由得不相信神會應允禱告。

神一定答允禱告嗎？

從我所引的馬太福音 7:7-8（並別的新約經文）看，神似乎會應允我們一切祈求——然而我們若從聖經整體看，就會知道

神不會答允我們每一項禱告。

我們生命中未認的罪，會成為我們與神之間的攔阻。「耶和華的膀臂，並非縮短不能拯救；耳朵並非發沉，不能聽見。但你們的罪孽使你們與神隔絕，你們的罪惡使他掩面不聽你們。」（以賽亞書 59:1-2）神沒有應許會答允一切人的一切禱告──祈求神的人，必須先與神和好。不過神有時會格外開恩，應允不信之人的禱告（正如我在本章開始時所分享的遭遇），但這不是常規，更非必然而然之事。如果有人心裏說：「神好像聽不到我的禱告……我不覺得神在聽我禱告。」我們首先要問的，是這個人信了基督、接受了神的赦免沒有。人神之間的阻隔必須先行挪開，人才可以期待神聽他的禱告。

即使是基督徒，也會有被罪勝過、悖逆硬心的時候，人神之間的攔阻由此出現。使徒約翰說：「親愛的弟兄啊，我們的心若不責備我們，就可以向神坦然無懼了，並且我們一切所求的就從他得著，因為我們遵守他的命令，行他所喜悅的事。」（約翰一書 3:21-22）如果我們察覺生命中有未認的罪或悖逆神的事，就要盡快向神認罪悔改，神必重新接納我們，我們「就可以向神坦然無懼了」。

此外，我們禱告的動機不對，神也未必會答允我們。神沒有應許每一個祈求名貴跑車的人都必然得著！耶穌的弟弟雅各說：

> 你們貪戀，還是得不著；你們殺害嫉妒，又鬥毆爭戰，也不能得；你們得不著，是因為你們不求。你們求也得不著，是因為你們妄求，要浪費在你們的宴樂中。（雅各書 4:2-3）

英國海克尼人沃德 (John Ward of Hackney) 的禱告是「妄求」的範例，下面的禱文寫於十八世紀：

主啊，你知道我在倫敦有九個莊園，我近日又在埃塞斯郡買下一個莊園，我懇求你保守埃塞斯郡、米德塞斯郡免受地震火災——我在哈福德郡也有物業，求你也憐憫哈福德郡，至於其餘郡，願你的旨意成全。

主啊，求你幫助銀行付清所有票據，又叫我的債務人行事端正。求你保守並祝福美人魚號貨輪——雖然我已買下保險。主啊，你說過惡人的日子必不長久，我相信你不會忘記你的話，求你不要放過那個邪惡不堪的吉爾爵士，你知道我剛剛買下他莊園的繼承權。

求主保守我的朋友不致墮落；求主保守我不受盜賊劫匪所害；求主使我的僕人忠誠可靠、盡忠職守，又永不會騙取我的財物。

神有時不答允我們所求的，因為我們所求的對我們沒有益處。神只應許給我們「好東西」（馬太福音 7:11）。神愛我們，更知道甚麼對我們有益處。好父親不會亂給孩子所求的一切！如果一個五歲孩子想要一把雕刻刀，好父親會不會給他？當然不會！史托德（John Stott）說過，如果我們所求的是惡事、或者會為我們（或其他人）帶來（或直接、或間接、或即時、或長遠）惡果的事，神都不會應允我們的祈求。

神給我們的答覆不外乎：「好」、「不好」、「等一下」，我們都要向神獻上感恩。如果我們求甚麼有甚麼，就可能永遠不敢再禱告了——著名傳道人鍾馬田（Martyn Lloyd-Jones）說過：「神不是有求必應的神，為此我要獻上感恩。……神沒有應允一些我求他的事，也斷然拒絕過我一些懇求，為此我實在萬分感激神。」[1] 我相信任何信主一段時日的人，都能體會鍾馬田的意思。葛培理（Billy Graham）的妻子葛露芙（Ruth Graham）說過：「神沒有應允我每一項禱告——如果神那樣做的話，我就會嫁給不應該嫁的人了——還不只一次呢！」話雖如此，我們可能窮盡一生探究，也不能明白神為甚麼不應允我們某些祈求。

我們必須明白，某些關乎禱告蒙神應允的聖經教訓，其實帶有條件，譬如使徒約翰說：「我們若**照神的旨意**求甚麼，神就聽我們。」（約翰一書 5:14）我們越認識神，越明白神的心意，就越多有禱告蒙神應允的經驗。

1. 　引自 John Stott, *Christian Counter-Culture* (InterVarsity Press, 1978).

怎樣禱告？

禱告沒有甚麼定規。禱告既是人與神建立關係的途徑，我們就可以對神暢所欲言。事實上，神也不愛聽空洞虛飾的話，倒樂意我們與他傾談心事！話雖如此，很多人會覺得一些禱告模式有幫助，我自己就曾依循「ACTS」禱告多年：

A - Adoration（傾慕）

為神的美善、神的作為讚美神。

C - Confession（認罪）

求神赦免我們所犯的過錯。

T - Thanksgiving（感恩）

為健康、家人、朋友等等獻上感恩。

S - Supplication（祈求）

為自己、朋友、其他人的需要祈求。

近年我又以「主禱文」（馬太福音 6:9-13）作禱告指引：

「我們在天上的父」

我們從前討論過這片語的含義——我會思想神的美善、神與我的關係、神曾經怎樣應允我的禱告等等，然後獻上感恩。

「願人都尊你的名為聖」

按照希伯來人觀念，人的名字表明人的性情。我們祈求神的名受人尊崇，就等於說冀盼神得人尊重。我們抬頭望望社會，就知道世人都不尊重神，他們大都漠視神的存在、罔顧神的律

法——讓我們祈求神的名被尊崇：從我們自身開始，及於教會、及於社會。

「願你的國降臨」

「國」的意思是「管治與權柄」——神的「治權」曾經隨著那穌降世臨到人間，那是神的國首度降臨（神的國要等到主耶穌再來，才會完完全全的臨到人間）。昔日耶穌以他的事奉表明神的國已降臨人間，今天我們說：「願神的國降臨。」就是祈求神的管治與權柄在今日、也在將來降臨人間。藉著我們的事奉，我們也能表明神的國已降臨人間——使人歸信基督、病得醫治、從邪惡權勢捆綁得釋放、被聖靈充滿、得著聖靈恩賜。

有人說慕迪（D. L. Moody）曾寫下一百個人的名字，並為他們不斷禱告，求神使那一百個人在自己有生之年歸信基督。慕迪死的時候，已有九十六人信了主，其餘四人在慕迪的喪禮中歸主。

從前有一個基督徒母親，有一個十幾歲的兒子，這個兒子懶散、臭脾氣、好食懶非、偷詐騙搶無所不為——偏偏天資過人，後來更學有所成，成為名重一時的律師。不過這個人只曉得爭名奪利、攢錢逐色——他有幾個情婦，生下一個私生子，其後更加入邪教，行為荒誕不端。這個人的母親多年來不斷為兒子禱告，有一天，神賜給那母親一個異象：她看見耶穌基督的榮光在兒子身上照耀，兒子的臉容煥然一新！那母親驚喜莫名，心中充滿喜樂——但她仍要多等九年，才得見兒子真心接受耶穌基督做救主(她兒子當時32歲)。她兒子名叫奧古斯丁，是教會歷史上屈指可數的神學宗師。奧古斯丁深信一事：他得

以歸信耶穌基督，是他母親多年禱告的結果。

「願你的旨意行在地上，如同行在天上」

這不是逃避責任，而是卸下心中重擔。很多人事無大小總擔心會作出錯誤抉擇，但其實我們只要向神作出如下禱告，就不用終日畏首畏尾了：「願你〔神〕的旨意成就。」詩人說：「當將你的事交託耶和華，並倚靠他，他就必成全。」(詩篇37:5) 舉例說，如果你不清楚你與某人的一段關係是對是錯，你可以這樣禱告：「主啊，如果這一段關係是錯，請你結束它；但如果這一段關係是對，求你成全它。」我們把事交託神，就可以信靠神並靜候神的帶領（我們在稍後篇章會詳細看這課題——我們把事情交託神之前，必須先明白神帶領人的原則）。

「我們日用的飲食，今日賜給我們」

有人說「飲食」所指的是「靈食」(譬如：聖經教訓)。這樣的解釋可能沒錯，但我相信改教者的解釋更合乎耶穌的意思：「飲食」是指「日用所需」。馬丁路德 (Martin Luther) 認為「飲食」包括「一切維持今世生命所需之事，譬如：食物、健康、居所、妻兒、德政、和平」。我們日常關心的大小事務，神也著實關心，正如我希望自己的孩子會把一切困擾他們的大小事都告訴我一樣——我們的天父怎會例外？

我有一個朋友結識了一個剛信主的基督徒，無意之間談到那基督徒近日的生意。「噢，近日的生意實在不大好。」那基督徒說。我朋友建議為那基督徒的生意禱告，她答道：「可以嗎？我不知道可以為這些事禱告呢！」我朋友告訴她當然可以

——其後幾天，那基督徒的生意額顯著提高了。「主禱文」告訴我們，我們要先求神的名、神的國、神的旨意彰顯——可是我們為日常所需祈求神，神也會樂意傾聽。

「免我們的債，如同我們免了人的債」

耶穌教導我們，要祈求神赦免我們的過犯。有人問：「基督徒為甚麼還要求神赦免？我們來到基督的十字架前，一切罪孽（過去、現在、將來）豈不都獲得赦免了嗎？」這說法當然沒錯，我們從前也說過：耶穌在十字架上擔起世人一切罪孽，因此我們過去、現在、將來的過犯都可以獲得赦免。可是耶穌仍然吩咐我們向父神求赦免——這是怎麼一回事？我認為約翰福音13章就耶穌為門徒洗腳的一段記載，很能帶出基督徒向父神說「免我們的債」的含義：耶穌逐一為門徒洗腳，終於輪到彼得，彼得卻對耶穌說：「不！你永不可洗我的腳。」耶穌回答說：「除非你讓我洗，否則你與我無份。」彼得說：「那麼，洗我的全身吧！」耶穌說：「洗了全身的人，只要洗腳就可以了。」這就是「向父神求赦免」的意思：我們在基督的十字架前得著完全潔淨，一切罪孽都得了赦免，可是我們活在世間，難免仍會再得罪神——雖然我們與神的關係不改，與神的交往卻污損了，所以我們每一天都要向神禱告說：「主啊，赦免我，洗淨我的罪污。」我們不需要再洗全身，因為耶穌已經潔淨了我們，但我們仍要每天求神潔淨生命中的大小罪污。

耶穌又說：「你們饒恕人的過犯，你們的天父也必饒恕你們的過犯；你們不饒恕人的過犯，你們的天父也不饒恕你們的過犯。」（馬太福音 6:14-15）耶穌不是叫我們「以饒恕換饒恕」

——饒恕不是交換禮物！我們蒙神赦罪，唯獨是耶穌基督十字架代贖大功而已，可是一顆願意饒恕別人的心，可說是清楚體會蒙神赦罪的標記。如果我們不願意饒恕人，我們必然仍未清楚體會神的赦罪——認識神赦罪大恩的人，不可能不饒恕人。

「不叫我們遇見試探，救我們脫離兇惡」

神不會試探人（雅各書 1:13），但神會容讓魔鬼試探我們到某一地步（例：約伯記 1-2 章）。每一個基督徒都有軟弱的一面——可能是恐懼、私慾、貪婪、驕傲、情慾，挑撥離間、憤世嫉俗……。我們除了努力改進自己，還要祈求神保護我們、幫助我們克服試探。在本書第 11 章，我們還要看試探的事。

何時禱告？

新約勉勵我們要「常常」禱告（帖撒羅尼迦前書 5:17；以弗所書 6:18）。禱告不限於地方，我們禱告，可以在地下鐵路、公共汽車、駕駛途中、腳踏車上、走在街中、躺臥床上——換言之，不論何時何地。正如夫妻相處，兩人可以隨時談個沒完沒了；但也正如夫妻相處，兩人有時需要約定時間專一談心。耶穌說：「你禱告的時候，要進你的內屋，關上門，禱告你在暗中的父。」（馬太福音 6:6）耶穌常常到曠野去獨自禱告（馬可福音 1:35）。我很喜歡大清早讀經禱告，因為我的心思在那個時候最清醒。建立穩定的禱告規律，是饒有價值的事，至於選擇甚麼時候，就要因人、因環境制宜。

除了獨自禱告，我們還要與別人一起禱告，譬如說：找兩

三個人一起禱告。耶穌說：「我又告訴你們，若是你們中間有兩三個人在地上同心合意的求甚麼事，我在天上的父，必為他們成全。」（馬太福音 18:19）。在其他人面前開聲禱告，可以是難而又難的事。我信主兩個月後，才第一次嘗試在其他人面前開聲禱告。當時我和兩個最要好的朋友一起，我們不過禱告了十分鐘吧，可是禱告完了，我的整件襯衫都濕透了──我緊張得要死！無論如何，我們必須堅持下去，因為基督徒聚集一起禱告，實在帶有莫大權能（使徒行傳 12:5）。

　　基督教信仰的核心，是人與神建立關係──由此可見禱告的重要！有人說：

> 我們滔滔雄辯，撒但笑容滿面；
> 我們艱苦經營，撒但笑個不停；
> 我們跪下禱告，撒但忙呼糟糕。

7

神怎樣指引我們？

我們一生人都在做決定：友情、婚姻、子女、家庭、職業、時間分配、錢財運用、娛樂消閒、……，有些決定影響深遠、有些決定無傷大雅，但無論如何，人要作出明智決定，非有神幫助不成。

神樂意指引我們，因為我們是他的兒女。神應許與他同行的人說：「我要教導你，指示你當行的路。」（詩篇32:8）主耶穌曾說過牧羊人的比喻：「他〔牧羊人〕按著名叫自己的羊，把羊領出來，……羊也跟著他，因為認得他的聲音。」（約翰福音10:3-4）神盼望我們曉得他的旨意（歌羅西書1:9；以弗所書5:17），也關心我們每一個人，願意在一切事（無分大小）上幫助我們作出明智決定。

神為我們每一個人都定下了一生計劃（以弗所書2:10）。有人不喜歡聽這樣的話，他們暗忖道：「神的計劃一定好嗎？我一定喜歡嗎？」但我們實在不用為此擔心！神愛我們，只會把最好的給我們！保羅說神的旨意「善良、純全、人所喜悅」（羅馬書12:2）。神又藉著耶利米先知向他的子民說：「我知道我向你們所懷的意念，是賜平安的意念、不是降災禍的意念，

要叫你們末後有指望。」(耶利米書 29:11)

神向我們說:「你知道嗎?我已經為你的一生定下美好的計劃!」這實在是神的心底呼聲,因為神看見人間的失敗事例太多了,太多人偏行己路!我們環顧身邊,不難發現生命一團糟的人!常常有剛信主的人對我說:「如果我五年前(或十年前)信了耶穌就好了——你看我現在的身世!真是一塌糊塗!」

如果我們想知道神為我們所定的計劃是甚麼,就必須求問神!神曾經警告他子民一意孤行的惡果:「禍哉!這悖逆的兒女。他們同謀,卻不由於我,……起身下埃及去,**並沒有求問我**。」(以賽亞書 30:1-2)遵行父神旨意的典範是耶穌,耶穌在世的時候,常常順從聖靈引領(路加福音 4:1),又單單做合乎父神心意的事(約翰福音 5:19)。

我們作出錯誤決定,很多時候是因為不懂得先求問主。我們也許會思前想後,心中暗暗的說:「我很想做這件事,但不肯定神想不想我做——我還是不問神好了,恐怕神真的不喜歡我做就麻煩了!」

我們必須放下偏執,樂意遵行神的旨意,神才會指引我們的路。詩人說:「他必按公平引領謙卑人。」(詩篇 25:9)又說:「耶和華與敬畏他的人親密。」(節 14)神樂意指引像馬利亞一般性情的人——馬利亞向報信的天使說:「我是主的僕人,願意遵行他的一切吩咐。」(路加福音 1:38〔The Living Bible 中譯〕)我們若誠心立志遵行神的旨意,神必指引我們一生道路。

有一節詩篇是我多年來的提醒與幫助:「當將你的事交託耶和華,並倚靠他,他就必成全。」(詩篇 37:5)我們的責任是

「交託主、並倚靠他」，然後靜心觀看神怎樣行事。

　　我在大學時期有幾個很好的同學，名字都叫力克，其中一個力克和我差不多同一時間信主，這個力克在大學最後一年與一個女孩子很要好，但她不是基督徒，力克覺得他們除非有同一信仰，否則不可能共諧連理，但力克不想給女孩子壓力，所以遵從詩人的吩咐把這事交託主。力克向主禱告說：「主啊，如果這一段關係不合你的心意，就請你終止它；如果這是你的心意，就求你讓她在這個學期結束前歸信你。」力克沒有把這禱告告訴任何人，他只「交託耶和華」，靜候主給他成全。學期最後一天到了，力克和那女孩子當晚約好了一起參加舞會。時近午夜，女孩子突然說想出去兜風，他們跳上車子，女孩子胡亂指示力克駕駛方向：「左轉三次、右轉三次、向前行三里然後停下來⋯⋯。」力克依從她的指示，不料竟然會停在美國國民墳場的大閘前。這墳場的正中有一座巨型十字架，四周是數以百計的小十字架。女孩子給眼前的景象深深打動了──但更觸動她的，是神竟然會用她的「指示」導引她到十字架前！女孩子潰了下來，不禁涕淚交零，就此歸信耶穌基督──力克他們如今結婚多年了，仍難忘一段美滿姻緣的背後，神怎樣指引他們。

　　假設我們真的願意遵行神的旨意了，但神怎樣向我們說話、指引我們的路呢？我覺很有好幾種方式：神有時會單用一種方式、有時會用多過一種方式向我們說話──如果是人生重大決定，神可能會用盡所有方式向我們說話。我把神指引我們的方式歸納為五個「C S」。

聖經教訓（Commanding Scripture）

我們從前說過：神已經在聖經定下通則，讓萬世萬族的人知道他的旨意，這通則已涵蓋世間諸般事理，因此我們可以憑聖經啟示判定某些事情必然不對——那些事情絕不可能是神的指引。偶爾我會聽到一些結了婚的人對我說：「我跟某人戀上了，我們都很愛對方，我覺得神想我離開丈夫（或妻子），跟那個人開始新的關係。」可是神在這樣的事上，早已定下清楚不過的法則：「不可姦淫。」（出埃及記 20:14）因此我們可以肯定的說，神絕不會引領人犯姦淫！又有人覺得神想他省點錢，省錢的方法是不繳稅！但神說得清楚不過：「凡當得稅的，就給他上稅。」（羅馬書 13:7）上述都是應用神通則的例子，在這樣的事情上，我們不用再求問神的旨意，因為神的旨意已經表明！如果我們不能肯定某某事是神的旨意不是，可以請教一些比我們通曉聖經的人，看看神的通則有否論到我們關心的那件事。我們若清楚聖經怎樣說，就不用再求問某某事是神的帶領不是了。

雖然神的通則已在聖經明載，可是關乎我們個人的指示，不會寫在聖經裏面！譬如說，我們知道神的通則是人人要結婚，守獨身是「更高的呼召」，換言之，守獨身是例外情況（哥林多前書 7:2）。我們又知道基督徒談婚論嫁的對象必須也是基督徒（哥林多後書 6:14），但聖經不會把我們配偶的名字記下來！

話得說回來，我們在從前講論聖經的篇章已經說過：神在今天仍會藉著聖經向人說話——就在我們讀經之際。詩人說：「你的法度……是我的謀士。」（詩篇 119:24）但這不等於說我

們可以亂翻聖經、亂挑經文，然後說某某經文的意思就是神的
旨意。我的經驗是：我們若有恆心、有系統的研讀聖經，必會
發現一件奇妙的事：每一天的經文竟然會適切當時的境遇，為
我們提供合宜的指引。

有時候我們覺得神藉著某一節經文向我們說話，那一節經
文彷彿「躍然紙上」──這曾經是我的親身經歷，我試舉一事
為例：昔日神呼召我全時間事奉他的一段日子，我把神藉著聖
經向我說話的經過詳細記下──神曾經十五次藉著聖經向我說
話，我因此可以確定：神真的要我撇下大律師的工作，受訓加
入聖公會服事他。

聖靈催促（Compelling Spirit）

神的指引也是很私人的事。我們信了基督，神的靈就進入
我們心中居住，並開始與我們溝通，但我們要學習傾聽神的聲
音。耶穌說他的羊（信徒）會認得他的聲音（約翰福音10:4-5）。
我們在電話中可以即時認出好友的聲音，如果不是熟人，就要
花上一段時間才能認出來電者的聲音。同樣道理，我們認識耶
穌越深，越容易認出他的聲音。

聖經有一段記載：保羅一夥人計劃前往庇推尼去，「耶穌
的靈卻不許」（使徒行傳16:7），他們於是到別的地方去。聖經
沒有記載聖靈怎樣向他們說話，但我相信是下述三種方式之一。

1. 聖靈會在人禱告時向人說話。

禱告應該是雙向交談。試想像一下：我走去看醫生，見

到醫生就說：「醫生啊，我有很多問題——我的腳趾生足癬、屁股生痔瘡、眼睛癢癢的——可能感冒了，我的背很痛，胳膊肘子又有毛病……。」我說完我的問題，看看手錶，尖叫道：「哎唷！沒時間了！醫生我要走咧，謝謝你這麼留心聽我說話。」醫生可能會說：「嗯，等一下！你為甚麼不聽聽我的意見？」如果我們禱告只向神說話，卻不讓神向我們說話，豈非同樣錯得離譜？聖經記載了不少神向他子民說話的事：有一次一班基督徒敬拜主、禁食的時候，「聖靈說：『要為我分派巴拿巴和掃羅，去做我召他們所做的工。』於是禁食禱告，按手在他們頭上，就打發他們去了。」（使徒行傳 13:2-3）

聖經沒有清楚說聖靈怎樣「說」，可能門徒禱告的時候，上述想法進入了他們的心思——這是很常見的神向人說話方式，有人形容為「印象」或「內心深處的感動」。

要注意的是，一切想法與感動必須接受「試驗」（約翰一書 4:1）——那些想法與感動合乎聖經教導嗎？可以激發愛心嗎？如果答案是否定的，就不可能是神的旨意，因為「神就是愛」（約翰一書 4:16）。那些想法與感動可以造就、安慰、勸勉人嗎（哥林多前書 14:3）？我們作出決定後，有「基督的平安」在心中嗎（歌羅西書 3:15）？

2. 聖靈有時會在我們心中賜下強烈的意願。

「你們**立志**行事，都是神在你們心裏運行，為要成就他的美意。」（腓立比書 2:13）我們的意志若向神全心降服，神就會在我們裏面運行，並改變我們的志向。容我再舉自己的經歷為例：我成為基督徒之前，最不想做的工作，可能就是做聖公會的牧

師！可是我信了主、又願意遵行神的旨意後，我的志向改變了，今天我再想不出有任何工作（對我來說）比在聖公會當牧師更有尊榮、更有價值、更能使我心感滿足了。

有些人總愛幻想一些自己最不願意做的工作，然後說那就是神為他定下的一生大計！我相信神絕不是這樣的神！所以我們不用憂心忡忡的問：「如果我信了耶穌，神會不會要我做宣教士？」如果那真是神的旨意、而你又全心降服神的話，神一定會賜你強烈的意願，讓你完成他的託付。

3. 神有時會用不尋常的方式向人說話。

聖經記載了不少神引領人的奇妙事跡：神向年幼的撒母耳說話——用可聽見的聲音（撒母耳記上 3:4-14）；神差遣天使往見亞伯拉罕（創世記 18 章）、約瑟（馬太福音 2:19）、彼得（使徒行傳 12:7），並當面指引他們的路。神不但在舊約時代藉著先知向人說話，也在新約時代向人說話——不但藉著先知，也藉著異象（今天有人稱異象為「圖畫」）讓人明白他的旨意。使徒行傳 16:9-10 記述保羅看見一個異象：有一個馬其頓人站著求

他說：「請你過到馬其頓來幫助我們！」保羅因此知道神呼召他去馬其頓傳福音。

　　神也會在夢中向人啟示當走的路（例：馬太福音 1:20; 2:12-13,22）。有一對夫婦是我的好朋友，那丈夫後來信了耶穌。那妻子天資過人，卻不能接受丈夫信耶穌，以致對我和我妻子也越來越不友善。我不斷為這對夫婦禱告。有一天晚上我做了一個夢，夢中看見那妻子的態度全然改觀了：她的眼中滿有從主而來的喜樂光采。這個夢激勵我和妻子繼續為他們禱告，也繼續與他們交往。幾個月後，那妻子真的信了主，我看著她的臉，與我夢中所見的一模一樣。

　　神過去如何引領人，今天也照樣引領我們。

人情事理（Common Sense）

　　神呼召我們做基督徒，卻沒有呼召我們罔顧人情事理。詩人警戒我們說：「你不可像那無知的騾馬，必用嚼環轡頭勒住牠，不然，就不能馴服。」（詩篇 32:9）

　　新約聖經作者常常勸勉人多動腦筋，他們從來沒有要求我們盲從附和（如：提摩太後書 2:7）。

　　我們如果罔顧人情事理，遲早會落入荒謬的境地。巴刻（J. I. Packer）在《認識神》（*Knowing God*）引述一個實例：有一個婦人每一天清晨醒來後，就會馬上把那一天分別為聖歸主，「然後求問主：她應不應該起床──她會一動不動的躺著等，直到『那聲音』叫她起床梳洗更衣。

　　她每拿起一件衣物，都要求問主一次：她應不應該穿那一件

衣物。有時主會「吩咐」她只穿右腳的鞋子、有時只穿襪
子、有時只穿鞋子、……其他衣物也是一樣。……[1]

　　神應許他會指引我們，不等於說我們從此不用動腦筋！循
道會創辦人約翰衛斯理（John Wesley）說過：神在他身上**最常
用**的指引方式，就是把理據臚列在他心思中，讓他作出合宜的
決定。我相信神願意我們在日常生活的事情上多動腦筋──尤
其在擇偶與擇業的事情上。

　　我們擇偶，決不可罔顧人情事理！我們要看三大要素：

　　一、**靈命相配嗎**？基督徒應該只選擇基督徒作配偶──保
羅曾經警戒基督徒與非基督徒結合的惡果（哥林多後書6:14）。
事實上，如果配偶任何一方不是基督徒，日後總會引發很多難
題，因為信主的一方必須時刻作出抉擇：要服事配偶？要服事
主耶穌？還要注意的是，就算男女雙方都是基督徒，不等於必
然「靈命相配」！兩個人還要看重對方的靈命，而不是單單掛
出「基督徒」的招牌。

　　二、**性格相配嗎**？我們的結婚對象當然也必須是我們的傾
訴對象、與我們有共通的性格。基督徒堅拒婚前性行為的一大
好處，是他們在婚前比較容易檢視兩個人的性格是否相配──
如果男女雙方在婚前已有性關係，就很容易窒礙了兩個人發展
友誼──起初的性刺激總會隨著時日過去逐漸冷卻，兩個人就
會驚覺彼此的關係脆弱異常。

　　三、**外表相配嗎**？我的意思是：兩個人必須覺得對方具有
吸引力。單單靈命相配、性格相配仍不足夠，兩個人必須被對

1.　　J. I. Packer, *Knowing God* (Hodder & Stoughton, 1973).

方吸引才行！世人往往把眼緣放在第一位，基督徒卻把眼緣放在最後的位置！世人常說：重要的是先上床，看看兩人的性需要能否彼此滿足——這實在大錯特錯！夫婦相配與否，豈能以房事來定奪！

此外，在求職擇業的事情上，我們求問神的旨意，也不能有歪常理。神給我們的通則是：留在現有的工作崗位上——除非神清楚呼召我們轉工（哥林多前書 7:17-24）。話雖如此，常理告訴我們：我們在求問神要我們做甚麼工作之前，必須先為自己的生命路程作長遠打算——我們要向前看十年、十五年、二十年，問自己說：「我現在的工作會把我帶到哪裏去？那裏是我安身立命的地方嗎——還是與我的長遠目標天差地遠？我現在要做甚麼工作，日後才可以達到目標？」

聖徒 [1] 忠告（Counsel of the Saints）

箴言作者曾多次勸人要向別人尋求忠告：「惟智慧人肯聽人的勸教。」（箴言 12:15）又說：「不先商議，所謀無效；謀士眾多，所謀乃成。」（箴言 15:22）由此看來，人「憑籌算立定計謀」（箴言 20:18）。

向別人尋求忠告固然重要，但我們必須緊記，我們所作的決定始終是我們與神之間的事，因此絕不能在出了問題後諉過於人。「聖徒忠告」不過是神眾多指引人的方式之一，不是唯一的方式、更不是絕對指示。我們有時要有「雖千萬人吾往矣」的勇氣——如果我們確信從神所領受的指引沒有錯的話。

---

1. 新約聖經把一切基督徒都稱做「聖徒」（例：腓立比書 1:1）。

　　我們應該向誰求問意見？箴言作者既然說「敬畏耶和華是智慧的開端」，我相信他一定會勸我們向「敬畏耶和華」的人求教——就是那些敬虔且才德兼備的基督徒（即使我們長大成人，也應該向父母請教——不論他們是否基督徒。父母始終深深認識子女，因此總能一針見血指出問題癥結所在）。

　　我感謝神，從我信主到如今，總有一些我敬重的基督徒前輩陪我奔走天路。我得著他們伴我同行（不同時期有不同的人），作我路上的明燈，實在獲益匪淺。我感謝神賜我良師益友，讓我可以放膽開放自己——很多時候就是在傾談當中，神的亮光突然展現。

　　遇有重大決定，我們若求問多幾個人的意見，就更妥當了。我成為牧師之前，就曾向兩位「前輩」、兩個好友、我的牧師、還有幾個「牧師遴選委員會」委員求問意見。

　　我們求問意見的對象，不應該單單是那些必然同意我們想法的人——偏偏世上很多人做這樣的事！他們翻山越野尋問一個又一個意見，無非為要別人贊成他們的想法！這樣得來的意見當然沒有甚麼價值，不過給人一點心理安慰罷了——「我已經問過某某，他也同意我的想法呢！」

　　我們求問意見的對象，應該是具有屬靈權柄、又認識我們的人——不論他們會否贊同我們的想法！力克與思娜是我認識多年的好友，他們今天在倫敦市中心牧會。他們剛信主的時候才談戀愛不久，兩個人雖然熱戀對方，卻不能確定應否繼續談戀愛，因為他們當時都很年輕，短期內沒有結婚的打算。

　　力克認識一位他很敬重的基督徒智者，他很想問問他的意

見。力克知道那位智者對基督徒談戀愛的觀點頗為保守,應該不會贊成基督徒在學期間談戀愛——無論如何,力克仍想問那智者的意見。

那智者問力克說:「你有沒有把你和思娜的關係交託主?」力克有點遲疑,卻非常坦白的說:「有——雖然我有的時候也不敢肯定。」那智者回答說:「我看得出你是真心真意愛她,我覺得你應該繼續這一段關係。」正因為這不是力克意料中的答案,所以額外顯得有份量!無論如何,那智者一點沒有看錯,力克和思娜結成佳偶,於今已有多年了。

環境印證(Circumstantial Signs)

世事都在神掌握之中。箴言作者說:「人心籌算自己的道路,惟耶和華指引他的腳步。」(箴言 16:9)神有時會為我們開路(哥林多前書16:9),有時卻封斷我們的路(使徒行傳16:7)。我一生之中,曾經兩次遇過神封斷我前面的路——兩次都是我很想做、又認定是神旨意的事!我嘗試衝出重圍,我禱告、我抗辯,但神就是不給我開路。那兩次經歷都很深刻,是多年前的事了,現在回想起來,我看得出神當時為甚麼不給我開路——為此我也實在要感激神。話雖如此,神有時封斷我們的路,我們可能今生今世也找不到原因。

不過神有時也會在我們面前開出一條又新又奇的路,我們目睹天時、地利、人和——事事配合得天衣無縫,就能確定是神的帶領(例:創世記 24 章)。波爾多(Michael Bourdeaux)是凱塞頓學院(Keston College)的主管,凱塞頓學院多年來致

力研究社會主義國家的基督教狀況，並向當地基督徒提供各種
援助，學院的工作深受自由世界國家敬重。

波爾多的事工是怎樣開始的？

波爾多曾在牛津大學（Oxford University）修讀俄文，有一
天他的俄文導師給他看一封公開信（他覺得波爾多會有興趣
看），那封信講述前蘇聯境內的教士如何在獄中遭受國安局
（KGB）人員嚴刑拷打，被迫接受不人道的精神病治療，又被流
放到渺無人煙之地。寫信的人筆觸樸實無華，波爾多看著那封
信，就像在聆聽前蘇聯境內遭受逼迫的教會信眾的心底呼喊。
那封信的下款，是瓦莉華與普隆尼娜（Varavva and Pronina）。

波爾多在 1964 年 8 月前往莫斯科旅行。他的朋友替他接
風，席間談到當地大逼迫的概況。他朋友告訴他，近日大逼迫
越來越厲害，甚至聖彼得大教堂都給拆毀了。他們又建議波爾
多親自前去看一看。

波爾多當即辭別朋友，乘計程車往聖彼得大教堂去。在蒼
茫暮色底下，原有的宏偉教堂，已成一片頹垣敗瓦，並圍有一
堵十二英尺高的圍欄。波爾多瞥見遠處有兩個婦人正爬過圍欄
進入廢堆，他看著她們：她們在廢堆中停留了一會，又爬了出
來。波爾多跟著她們走了幾百英尺的路，終於追上她們。她們
問波爾多：「你是甚麼人？」波爾多說：「我是外國人，我來
蘇聯是要看看這裏究竟發生了甚麼事。」

她們帶波爾多去到一所房子門前，有一個婦人讓他們進去。
婦人問波爾多來蘇聯的原因，波爾多就告訴她們，自己如何收
到一封由烏克蘭寄到巴黎、再轉到牛津去的信，信的內容又如

何感動他等等。婦人問波爾多寄信人是誰，波爾多答：「瓦莉華與普隆尼娜。」眾人立時默不作聲。波爾多暗忖道：「難道我說了甚麼不該說的了？」一時間眾人大哭起來，婦人指著波爾多跟蹤的兩個婦人說：「她就是瓦莉華，她就是普隆尼娜。」

蘇聯人口超過一億四千萬，烏克蘭離莫斯科一千三百多公里。波爾多從英國飛到莫斯科，是那封信寫完六個多月後的事——波爾多竟然會在教堂廢墟碰見瓦莉華與普隆尼娜！其後波爾多畢生致力服事社會主義國家的基督徒，因為他清楚確定是神呼召他服事那些國家。上述的故事，不過是神指引波爾多的其中一例。[1]

慢慢來、不用急

我們求神指引前路，神有時答得很快（例：創世記24章），但更多時候神沒有即時給我們答案，我們必須等候多月、甚至多年，才會得著答案。我們可能確信神要在我們生命中行某件事，但那件事彷彿遲遲仍未實現……。我們必須學習亞伯拉罕的忍耐，他「既恆久忍耐，就得了所應許的」（希伯來書6:15）。不過就算是「信心之父」亞伯拉罕，也曾經抵受不住試探，嘗試用自己的方法實現神的應許——卻帶來糟透的結果（見創世記16章; 21章）。

我們有時準確領受了神的指引，卻搞錯了神所定的實現時間——約瑟從神賜他的一個夢，知道日後要發生在自己和家人身上的事，他可能以為那些事很快就會實現——他沒有想過要等那麼多年那些事才實現。約瑟坐牢的日子，必然難以想像神

1.　Michael Bourdeaux, *Risen Indeed* (Darton, Longman Todd, 1983).

的指引仍會實現！十三年後，約瑟的夢境成真了！十三年的等候，原來也是約瑟夢境實現的重要一步（見創世記 37-50 章）。

在領受神指引的事情上，人人都會犯錯。我們有的時候像亞伯拉罕，嘗試用自己方法實現神的計劃；有的時候又像約瑟，把神的時間搞錯了。更多的時候，我們會覺得自己信主信得太遲了，我們的生命已經一塌糊塗，神還可以使用我們嗎？神的確可以使用我們！神可以把「蝗蟲所吃的那些年」補還給我們（約珥書 2:25），不論我們生命壽數餘下多寡，只要我們把自己奉獻給神，定意與聖靈同行，就絕不會枉費餘生！因為神可以使用餘下的年月。

從前有一個人在挪威一家旅館下榻，無意之間聽見一些吵耳的鋼琴聲。原來有一個小女孩在亂按琴鍵，發出連續不斷的叮叮聲，叫人心煩意亂。

有一個男人走到小女孩旁邊坐下，在小女孩的叮叮琴聲空隙之間彈奏，合起來竟成了動聽的樂聲。原來這個男人不是別

人，正是小女孩的父親，也就是俄國著名作曲家鮑羅廷 (Alexander Borodin, 1833-1887，寫有歌劇 *Prince Igor*)。

保羅說：「萬事都互相效力，叫愛神的人得益處。」（羅馬書 8:28）我們藉著閱讀（聖經教訓）、聆聽（聖靈催促）、思想（人情事理）、請教（聖徒忠告）、鑒察（環境印證）、等候，在尋求神指引的路上，難免會像那小女孩一樣，只能發出生硬的叮叮琴聲。可是神願意坐在我們身邊，把我們的叮叮琴聲，化作美麗的樂章。

8

聖靈是誰？

　　我在大學時期有一班好朋友，幾乎天天都一起吃午飯，當中有五個人的名字都是力克（Nicky）！五個力克都在 1974 年 2 月先後信了耶穌，當中有四個力克為信仰大發熱心，但其餘一個力克卻總是不冷不熱的：他相信自己與神和好了，卻似乎不怎麼覺得興奮，對讀經、禱告，也像不感興趣。

　　有一天一個人為力克禱告，求聖靈充滿力克，力克就此被聖靈充滿了——力克的生命明顯改變，他從此臉上常帶微笑，旁人都能感受他心中的喜樂（直到今天他仍是滿有喜樂！）。力克被聖靈充滿後，每逢聽到有查經聚會、祈禱聚會、福音佈道，總少不了他的份兒，因為他喜歡與基督徒相聚。力克成了

眾人的寵兒，人人都想結識他，他也引領了很多人歸信基督、
被聖靈充滿——正如他昔日被聖靈充滿一樣。

力克改變的動原從哪裏來？我相信他會答道：「從聖靈而
來。」力克尤其覺得他那一次接受別人禱告，因此「被聖靈充
滿」的經驗，是他信仰的轉捩點。很多人對父、聖子，總有
或多或少認識，卻對聖靈一知半解。所以我在本書會花三章的
篇幅闡述聖靈的事。聖靈是三一神的第三「位格」（person）。

人對「靈」的瞭解很有限，因此難免心存恐懼，甚至會聯
想到「鬼」的事去。聖靈不是鬼，而是擁有「位格」的神！聖
靈會思想（使徒行傳15:28）、說話（使徒行傳1:16）、擔憂（以
弗所書4:30）、給人指引（羅馬書8:14）。聖經有時稱聖靈為
「基督的靈」（羅馬書8:9）、「耶穌的靈」（使徒行傳16:7）。
事實上，耶穌就是藉著聖靈與神的子民同在。

聖靈是怎樣的神？聖經有一處用一個字來形容聖靈：
parakletos（約翰福音14:16），這個字不容易翻譯，大意是「奉
召同行的」，換言之，是「獻策、安慰、鼓勵的那一位」。耶
穌說父神會賜下「另外一位」保惠師——「另外一位」原文有
「同等的一位」的意思，換言之，聖靈就像耶穌基督一樣。

在本章我們要看聖靈的「位格」——換言之，聖靈是誰？
我們要從舊約創世記1章開始，一直看到新約使徒行傳記載五
旬節聖靈降臨的日子，探究聖靈的工作是甚麼。有些基督徒以
為聖靈在二十世紀才「大展拳腳」，實在大錯特錯。本世紀初
興起的五旬節運動，不過是聖靈工作冰山一角罷了。

聖靈參與創世

我們在聖經的頭兩節經文，已可看見聖靈的作為：「起初神創造天地。地是空虛混沌，淵面黑暗，神的靈運行在水面上。」（創世記 1:1-2）

我們從創世記可見，神的靈從空虛造出萬有，從混亂理出秩序。聖靈的工作至今沒變——他仍然會為個人與教會帶來生機，重整人的生命，把人從諸般惡習與捆綁中釋放出來，又叫破裂的關係重修舊好。

「耶和華神用地上的塵土造人，將生氣吹在他鼻孔裏，他就成了有靈的活人。」（創世記 2:7）「生氣」的希伯來原文是 *ruach*：與「靈」是同一個字。神的 *ruach* 為塵土所造的人帶來生命，同樣，聖靈也會為個人與教會帶來靈命復興——我們有些人、有些教會的靈命枯竭不堪，實在乾旱如塵土！

無年前我和一位傳道人聊天，他告訴我他和他教會從前的靈命實在乾涸得要命，後來他和妻子被聖靈充滿了，情況開始好轉：他們夫婦二人讀聖經的熱情回來了，靈命也因此改觀，

連帶他的教會也重新充滿了生命。他兒子也被聖靈充滿了，熱心開拓青少年工作——參加活動的人數增長迅速，後來更成為區內引人矚目的大型事工。

很多人都在渴求生命——他們若發現有人或教會滿有聖靈的生命，必定會不遠千里跑去尋個究竟。

聖靈曾在特定時刻為特定事降臨在特定的人身上

神的靈降臨在人身上，必然有特定的旨意——聖靈的工作不僅僅是令人感覺舒暢！聖靈降臨在某人身上，必有確切的原因，舊約聖經有不少例子可供參考。

聖靈曾在舊約時代充滿一些人，使他們發揮藝術創意。出埃及記31:3-5記道：神的靈「充滿他〔比撒列〕，使他有智慧、有聰明、有知識，能作各樣的工，能想出巧工，用金、銀、銅製造各物，又能刻寶石，可以鑲嵌；能雕刻木頭，能作各樣的工。」

人沒有被聖靈充滿，當然也可以成為出色的音樂家、作家、藝術家，但如果神的靈充滿某音樂家、作家、藝術家，使他們充分發揮一己專長，他們的作品往往可以突破舊有的境界，對觀賞的人也會帶來新的震撼。有時即使一些音樂家、作家、藝術家的天賦並不特別出色，但觀賞的人仍會深受感動。比撒列所經歷的，可能就是類似的事。

聖靈又會充滿一些人，使他們成為領袖。以色列人在士師時代，經常遭受外族侵略欺壓——其中一個外族是米甸人。以色列人被米甸人統治期間，神親自呼召基甸帶領以色列人反抗，

不過基甸是個自視甚低的人，他反問神說：「我有何能拯救以色列人呢？我家在瑪拿西支派中，是至貧窮的；我在我父家是至微小的。」(士師記6:15)可是神的靈降在基甸身上（節34），基甸就成了大能的勇士，後來更成為舊約時代有數的成功領袖。

神常常揀選那些自以為軟弱、不足、才疏學淺的人成為領袖——那些人被聖靈充滿，就成為傑出的教會領袖。其中一個顯例是人稱為「害羞牧師」的納什（E. J. H. Nash）。納什本來是一個保險公司小文員，十九歲那年信了基督，被聖靈充滿，後來投身教會事奉。人形容納什「平凡得不得了，……身手既不敏捷、膽色亦非過人、才思毫不敏銳、亦無藝術氣質」，[1] 可是史托德（John Stott）（帶領史托德信主的就是納什）這樣形容納什：「外表平平無奇，內心火熱為主。」納什死後，報紙（教外的、教內的）的訃告欄總結他一生道：

> 「害羞牧師」是個安靜而謙遜的主僕，他不爭鋒頭、不慕虛榮、不貪權位，然而，在過去五十年英國聖公會歷史中，若論影響力之深遠，恐怕無人可及納什，因為今天聖公會內不少位高權重之人（數以百計），都由納什帶領歸主。
>
> 認識納什、曾與納什共事的人，都會同意一事：納什實在獨一無二，旁人難望其項。像他那樣溫柔、謙虛、靈力充沛、影響力深廣的人，實在萬中無一。[2]

聖經其他地方也告訴我們，聖靈可以使人滿有大能大力。

---

1. John Eddison, *A Study in Spiritual Power* (Highland, 1982).

2. 同上。

很多人聽過參孫的事跡：有一次非利士人用繩捆綁參孫，豈料「耶和華的靈大大感動參孫，他臂上的繩就像火燒的麻一樣，他的綁繩都從他身上脫落下來。」（士師記 15:14）

舊約聖經所記的大都包含靈意：我們未必被繩捆綁，卻可能被恐懼、惡習、罪惡牢牢纏住，我們的脾氣可能不受控制，陷入嫉妒、忌恨、情慾之中不能自拔。當神的靈臨到參孫，他臂上的繩像火燒的麻一般脆弱——當神的靈釋放我們，我們就能從任何捆綁中得自由。

我們稍後還要看神的靈怎樣降在先知以賽亞身上，叫他「傳好消息給謙卑的人，……醫好傷心的人，報告被擄的得釋放，……安慰一切悲哀的人。」（以賽亞書 61:1-3）

我們面對世上萬千困境，實在彷徨無助——我在信主之前常常會有一個想法：面對沉淪的人，我所能作的實在極之有限——今天偶爾我還會這樣想，但我也知道：只要神的靈幫助我們，我們就能夠切實幫助沉淪的人。神的靈在我們身上，我們就能藉著耶穌基督的福音醫好傷心的人；我們也可以向被惡習罪過捆綁的人宣告：他們可以得著釋放；我們實在可以把聖靈的安慰（聖靈不就是「安慰的那一位」嗎？）帶給憂傷痛哭的人——我們幫助人若想有永恆的果效，就必須依靠聖靈，否則一切努力轉眼成空，至終徒勞無功。

聖靈由父神應許賜下

我們看過聖靈在舊約時代的作為——聖靈的作為似乎只限於特定的人、特定的時空、特定的任務。不過神在舊約聖經裏

也曾應許他將來要做一件新事——新約聖經稱之為「父的應許」——以色列人一直盼望這應許實現。**究竟要發生甚麼事？**

舊約聖經記載，神曾經與他的子民立約：神要成為以色列人的神、以色列人要成為神的子民。神要求以色列人遵行律法，可是以色列人一再犯錯，使「舊約」屢次被毀。

神應許他的子民，有一天要與他們另立**「新約」**，這新約與舊約判然有別：「我要將我的律法放在他們裏面、寫在他們心上。」(耶利米書 31:33) 換言之，在「新約」底下，神的律法是內在的、不是外在的。如果你到郊外旅行，出發時當然會帶足食物，行囊重甸甸的——是走遠路的負累。其後旅程途中你把食物吃光了，那時不但背上的擔子消失，你也會得著從裏面而來的能量！神藉著先知耶利米向他子民所應許的，就是神的律法在將來不再是外來的重擔、而是內在的力量源頭。**這樣的事如何發生？**

神藉著先知以西結給我們答案：「我要賜給你們一個新心，將新靈放在你們裏面。又從你們的肉體中除掉石心，賜給你們肉心。我必將我的靈放在你們裏面，使你們順從我的律例、謹守遵行我的典章。」(以西結書 36:26-27)

神的靈進到我們裏面，我們的心就會軟化（「肉心」），神的靈會在我們內心深處，感動我們順從神的律例、遵行神的典章。

潘靈卓（Jackie Pullinger）在香港一處罪惡深淵——九龍城寨——服事妓女、癮君子、黑幫份子二十多年。她有一次到我的教會講道，用一段發人深省的話作為開場白：「神向我們所

求的，是柔軟的心、剛硬的腿。我們很多人的問題是：我們的心剛硬、我們的腿柔軟。」基督徒的腿要硬——我們要剛強、堅毅，在道德操守上站得穩。潘靈卓就是「腿硬」的典範，她為了服事別人，甘願犧牲睡眠、衣食、安逸的生活，但她的心是軟的——滿有神的憐憫。潘靈卓的剛強在她的腿、不在她的心。

我們已看過「父的應許」是甚麼，並這應許如何發生。我們接著要看：**這應許要臨到甚麼人身上？**神藉著先知約珥說：

> 我要將我的靈澆灌凡有血氣的。
> 你們的兒女要說預言，
> 你們的老年人要作異夢，
> 少年人要見異象。
> 在那些日子，我要將我的靈
> 澆灌我的僕人和使女。
>
> （約珥書 2:28-29）

約珥預言「父的應許」要臨到每一個人身上。聖靈的臨在不再限於特定的人、特定的時空、特定的任務。領受聖靈澆灌的人無分性別（「兒」、「女」）、年齡（「老年人」、「少年人」）、出身、種族、膚色、尊卑（「僕人」、「使女」）；人聆聽神聲音的方式也變得多彩多姿（「說預言……作異夢……見異象」）——總言之，聖靈要大大澆灌神一切子民。

約珥的預言宣告了（至少）三百多年仍沒有成就。以色列人望穿秋水，企盼「父的應許」早日實現——他們要一直等到

耶穌降世，才看見聖靈突然活躍於人間。

耶穌出生是大喜的日子，幾乎所有關乎耶穌出生的人，都被聖靈充滿。施洗約翰是耶穌事工的先鋒，他在出生之前就被聖靈充滿了（路加福音 1:15）。神藉著天使向耶穌的母親馬利亞宣告：「聖靈要臨到你身上，至高者的能力要蔭庇你。」（路加福音 1:35）當馬利亞懷著耶穌往見她親戚以利沙伯（施洗約翰的母親），以利沙伯一聽見馬利亞向她問安，就「被聖靈充滿」（節 41），連施洗約翰的父親撒加利亞，也「被聖靈充滿」（節 67）。上述的人被聖靈充滿之際，都開口讚美神並說預言（按：除了施洗約翰——但他在母親的腹中跳動〔節 41〕！）。

施洗約翰的宣告

有人問施洗約翰，他是不是基督，施洗約翰回答說：「我是用水給你們施洗，但有一位能力比我更大的要來，我就是給他解鞋帶也不配，他要用聖靈與火給你們施洗。」（路加福音 3:16）受水洗固然重要，卻仍未完全——耶穌要用聖靈為我們施洗。「洗」的希臘原文有「覆蓋」、「淹沒」、「浸透」的意思，我們受了聖靈的洗，心思、意志、感情就會被聖靈充滿。

我們很多人的生命，就像乾透心的海綿一般剛硬，似乎已不能吸收神的靈！但海綿只要放在水裏一段時間，就會漸漸軟化。把海綿浸在水中（「受洗」）是一回事，海綿浸透了水（「被充滿」）是另一回事！當海綿吸飽了水，就會滴出水來。

耶穌是「被聖靈充滿」的典範。耶穌受洗的時候，聖靈「降臨在他身上，形狀彷彿鴿子」（路加福音 3:22）；耶穌「被聖靈

充滿，從約但河回來，聖靈將他引到曠野」（路加福音 4:1）；耶穌「滿有聖靈的能力回到加利利」（節 14）；耶穌在拿撒勒一處會堂站起來唸以賽亞書 61:1：「主的靈在我身上……」，然後說：「今天這經應驗在你們耳中了。」（節 21）

耶穌基督的預言

約翰福音記載，耶穌進耶路撒冷過「住棚節」——這是猶太人的節期，期間各地猶太人都會湧到耶路撒冷去，追思昔日摩西怎樣在曠野從磐石得水。猶太人會為過去一年感謝神降下雨水，並祈求來年神照樣賜下雨水——但他們更盼望的，是先知以西結的預言早日實現：從神而來的水從聖殿流出來，並漸漸成為河流；河流所到之處，都有生命、豐足、醫治（以西結書 47 章）。

猶太人每逢過住棚節，都會誦唸以西結書的經文，大祭司會用一個金製的水壺，從西羅亞池子取水，然後帶領百姓到聖殿去，把水倒在祭壇西邊一個漏斗之中。這漏斗會把水引到聖殿之下，藉此預表以西結所預言的水從聖殿流出來。按照猶太拉比傳統，耶路撒冷就是大地的肚臍，而錫安山上的聖殿，就是肚臍的中心（「肚腹」）。

約翰福音 7:37-38 記道：「節期的末日，就是最大之日，耶穌站著高聲說：『人若渴了，可以到我這裏來喝。信我的人，就如經上所說：從他腹中要流出活水的江河來。』」耶穌的意思是：以西結的預言其實不在某一處地方成就，卻會在某一個人身上成就——生命活水要從耶穌基督腹中流出來——也要從每

一個基督徒（「信我的人」）的腹中流出來！耶穌說我們的腹中要流出活水江河，為世人帶來生命、豐足、醫治——這才是神藉著先知以西結所發出的應許。

約翰福音 7:39 又說：「耶穌這話是指著信他之人要受聖靈說的；那時還沒有賜下聖靈來……。」耶穌說這話時，「父的應許」還未實現，甚至耶穌被釘十字架、從死裏復活後，聖靈仍未澆灌下來。耶穌在升天之前對門徒說：「我要將我父所應許的降在你們身上，你們要在城裏等候，直到你們領受從上頭來的能力。」（路加福音 24:49）。

耶穌臨離別門徒之際，又對他們說：「聖靈降臨在你們身上，你們就必得著能力。」（使徒行傳 1:8）可是門徒還要多等十天——然後就在五旬節第一天，「忽然從天上有聲響下來，好像一陣大風吹過，充滿了他們所坐的屋子；又有舌頭如火焰顯現出來，分開落在他們各人頭上。他們就都被聖靈充滿，按著聖靈所賜的口才，說起別國的話來。」（使徒行傳 2:2-4）

父的應許終於實現！耶路撒冷的人都感到「驚訝希奇」，彼得站起來向眾人解釋究竟發生了甚麼事：他與眾人重溫了舊約聖經所載神的應許，並表明眾人眼前所見的，就是以色列人歷世歷代所盼望的事——耶穌「從父受了所應許的聖靈」，就把聖靈「澆灌下來」，眾人眼中所見、耳中所聽的，就是「父的應許」（使徒行傳 2:33）。

眾人問彼得說：「我們當怎樣行？」彼得說：「你們各人要悔改、奉耶穌基督的名受洗，叫你們的罪得赦，就必領受所賜的聖靈。因為這應許是給你們，和你們的兒女，並**一切**在遠

方的人，就是主我們神所召來的。」(節 37-39)

　　我們今天活在聖靈的年代，父的應許已然成就！每一個基督徒都可以得著父的應許，這應許不再限於特定的人、特定的時空、特定的任務，這應許是為**一切**基督徒而設，為你、也為我。

9

聖靈有甚麼工作？

耶穌說：「我實實在在的告訴你，人若不是從水和聖靈生的，就不能進神的國。從肉身生的，就是肉身；從靈生的，就是靈。我說：『你們必須重生。』你不要以為希奇。風隨著意思吹，你聽見風的聲響，卻不曉得從哪裏來、往哪裏去，凡從聖靈生的，也是如此。」（約翰福音 3:5-8）

兩年前我到英國南部一家教會探訪，有一個主日學教師與我們分享她教主日學的趣事。她剛好在上一個主日講解約翰福音 3:5-8，為了帶出主題（「從肉身生」與「從靈生」的分別），她問孩子說：「你們生下來就是基督徒嗎？」有一個小男孩答道：「老師，我們生下來是正常人，怎會是基督徒呢！」

「重生」一詞在今天已成陳詞濫調。美國人似乎尤其喜歡「重生」，這個詞甚至會用在汽車廣告之中——我們可知道第一個使用這詞的人，就是耶穌基督？他用這個詞形容「從靈生」的人（約翰福音 3:8）。

嬰孩得著生命，是父母結合的果子。在屬靈的事上，神的靈與人的靈結合，新的靈命就會出現。耶穌說：「你們必須重生。」就是這個意思。

耶穌告訴我們，僅僅從肉身生的，不能進神的國——我們

要進神的國，必須是從聖靈而生的人——我們要成為基督徒，就必須重生。我們也許不能確定自己重生的時刻，但我們若真的從聖靈得了生命，就必能察覺得到，正如我們必能察覺得到肉身的生命一樣。

我們的肉身出生了，就自然歸入某一家庭與宗族；同理，我們從聖靈生了，就會歸入基督的大家庭。聖靈所作的，其實很多都可以看為「家庭工作」，譬如說：聖靈讓我們確定自己與父神的關係，並幫助我們建立這關係；聖靈賜予我們「家族特徵」；聖靈把我們與弟兄姊妹結連起來，又賜每一個「家庭成員」不同的恩賜才幹，讓基督的大家庭興旺繁衍。

在本章我們要逐一檢視上述的聖靈工作。其實我們成為基督徒之前，聖靈已在我們心裏作工：叫我們知罪、尋找耶穌基督；又叫我們看清真理、信靠耶穌基督（約翰福音 16:7-15）。

神的兒女

我們接受了基督，就得著神的完全赦免，原先那一堵攔阻我們與神交通的牆就此毀掉。保羅說：「如今那些在基督耶穌裏的，就不定罪了。」（羅馬書 8:1）耶穌擔起我們一切罪——過去、現在、將來的罪。先知彌迦說神把「我們的一切罪投於深海」（彌迦書 7:19）。荷蘭籍基督徒女作家德本曼（Corrie Ten Boom）的名句是：「神在海邊豎立了一塊告示牌，寫道：『不准釣魚』。」

耶穌不但把我們的罪污抹去，更引領我們與父神復和、成為神的兒女——人人都是神的創造，卻並非人人都有神兒女的

身份，人必須信靠耶穌的名（「接待」耶穌），才有權成為神的
兒女（約翰福音 1:12）。新約聖經所說的「後嗣」，不是「生
而有之的權利」、而是「因信得來的權利」。人成為神的兒女，
與他的父母祖宗毫無關係——他必須從聖靈生，才可以成為神
的兒女。

有人說羅馬書是新約聖經的喜馬拉雅山，而羅馬書 8 章是
珠穆朗瑪峰——如果真是這樣的話，羅馬書 8:14-17 就是珠穆朗
瑪峰的頂端：

> 因為凡被神的靈引導的，都是神的兒子。你們所受的不是奴
> 僕的心，仍舊害怕；所受的乃是兒子的心，因此我們呼叫：
> 「阿爸！父！」聖靈與我們的心同證，我們是神的兒女；既
> 是兒女，便是後嗣，就是神的後嗣，和基督同作後嗣。如果
> 我們和他一同受苦，也必和他一同得榮耀（羅馬書 8:14-
> 17）。

再沒有任何特權，比成為神的兒女更大了！按照羅馬律法，
人可以揀選自己的兒子（或親生、或領養）成為後嗣。神只有
一個親生子耶穌，卻有許多個領養回來的流浪孤兒——神卻把
孤兒都變做王子！我們若在基督裏，這就不是童話了，我們的
確是神家的一份子！人世間再沒有比這更大的特權了。

貝雷（Billy Bray）生於 1794 年，是英國康沃爾（Cornwall）
的礦工。這個人終日醉酒、生活放蕩，又好惹事生非。他在二
十九歲信了耶穌，信主後第一件事，就是回家告訴妻子說：「你
不會再看到我醉酒了——願主幫助我。」從此貝雷真的半滴酒
不沾唇，他的言談舉止、甚至聲線都改變了，彷彿脫胎換骨，

並滿有屬天的權柄與光彩。礦工都喜歡聽貝雷講論基督，很多人因此信主，也有不少人得著神奇的醫治。貝雷整天都在讚美神，因為他覺得有太多事情值得感恩了。他形容自己是「小王子」：神既是萬王之王，他是萬王之王的後嗣，豈不就是「小王子」、並享有王族的特權嗎？貝雷逢人就說：「我是王的兒子。」[1]

我們有否看清楚自己的尊貴身份？一旦看清楚了，就必然覺得自己貴為宇宙萬有創造主的兒女，實在尊貴無比。

我們身為神的兒女，與神的關係自當親密無比。保羅說聖靈使我們有膽量稱呼神為「阿爸」（*Abba*）。縱觀整部舊約聖經，從來沒有人敢稱呼神為「阿爸」，這種稱呼神為「阿爸」的做法是耶穌開創的。「阿爸」原文是亞蘭文，我們不容易把意思完全翻譯過來。英國孩子如果與父親的關係密切像朋友，會稱呼父親為「爹爹」（daddy），可是在耶穌的時代，父親是一家之主，擁有無上權威，「阿爸」雖然是暱稱，卻同時是敬語，絕不是小孩子的用語。耶穌在世常常稱呼神為「阿爸」，我們領受了耶穌的靈，就可以分嚐耶穌與父神的親密關係。「你們所受的，不是奴僕的心，仍舊害怕；所受的，乃是兒子的心。」（節15）

英國皇儲查里斯（Prince Charles）有許多稱號：大英帝國王位繼承人、太子殿下、威爾斯親王、康沃爾公爵、嘉德勳位爵士、威爾斯皇家炮兵團總上校、皇家海軍中校、切斯特伯爵、卡里克伯爵、倫弗魯男爵、……等等。我們會稱查里斯皇子為

---

1. F. W. Bourne, *Billy Bray: The King's Son* (Epworth Press, 197).

「皇儲殿下」——但在威廉小王子、哈里小王子心中，那不過是他們的「爹爹」。我們成為神的兒女，天上的大君王就是我們的「爹爹」。約翰衛斯理（John Wesley）在重生得救歸向主之前，是個非常謹守宗教條文的人，他後來談論自己歸主的經歷：「我以奴僕之信換取兒子之信。」

聖靈又會幫助我們深深的經歷神、領會神。「聖靈與我們的心同證，我們是神的兒女。」（節 16）我自己身為父親，總會渴想兒子可以體會我對他們的愛、並經驗我與他們的親密關係，同理，神也盼望我們可以確信他對我們的愛、並珍惜他與我們的關係。

有一個人在暮年才經驗到神的愛、神的關係，這個人是南非主教布內特（Bill Burnett）。我聽過他向人分享說：「我做主教的日子，只相信神學、卻不相信神——我是徹頭徹尾的無神論者！我的『義』不過是『善行』而已。」布內特做了十五年主教，有一天主領堅信禮，以羅馬書 5:5 為講題：「所賜給我們的聖靈，將神的愛澆灌在我們心裏。」禮成後布內特回到家中，給自己倒了一杯威士忌酒，然後拿起報紙看，不料心中彷彿聽到神對他說：「起來禱告！」他走到自己的小教堂去，靜靜跪了下來，又覺得神對他說：「我要你的身體。」布內特實在摸不著頭腦（他是個瘦高挑兒——「我不是『世界健美先生』啊！」他說），可是仍舊照著神的吩咐，把身體每一部分都獻上給主。「然後，」布內特主教說。「我先前傳講的信息，好像一下子活過來了。我心中不斷湧出愛，就像電流通遍全身一樣。」他後來吃驚的發現，原來自己躺在地上很久了！他耳畔

響起主的聲音：「你是我的兒子。」他恢復過來後，知道自己不再一樣了。那一次經歷是布內特主教生命事奉的轉捩點，他的事奉從此大有能力，無數人藉著他的事奉，得以切實體驗「成為神兒女」的實在。

保羅告訴我們，成為神的兒女是世上最大的福氣，因為我們「既是兒女，就是後嗣，和基督同作後嗣」（羅馬書 8:17）。按照羅馬律法，後嗣不但跟隨父姓，更有權繼承父親的財產。我們成為神的後嗣，也有權繼承父神的財產，唯一不同的是：我們並非在父親死後繼承父親的財產，而是在自己死後承受父親的財產！因此貝雷可以興奮的說：「天父為我存留了歷久常新的榮耀與福氣！」我們要與主耶穌分嚐父神歷久常新的愛。

保羅又說：「如果我們和他〔耶穌〕一同受苦，也必和他〔耶穌〕一同得榮耀。」（節 17）這不是交換條件，而是事實罷了。基督徒與耶穌同甘共苦，人生在世或會遭逢逼迫棄絕，可是若與我們將來要從神所承受的福樂相比，今生的苦痛就不足掛齒了。

建立關係

出生不僅僅是分娩的終場，也是新生命、新關係的序曲。我們與父母的關係會隨著年月不斷加深——但我們必須花時間栽培這關係，關係建立不是一時三刻的事。

我們也要花時間栽培與神的關係，不過神的靈會幫助我們。以弗所書 2:18 說：「我們兩下〔猶太人、外邦人〕藉著他〔耶穌〕被一個聖靈所感，得以進到父面前。」

藉著耶穌的死（且死在十字架上），我們與神之間的阻隔得以挪開，我們得以進到神的面前——可是我們禱告之時，往往忘記了這重大教訓。

我唸大學的時候，在市中心某銀行樓上租了一個房間住，幾個同學常常在我的房間一起吃午飯。有一天我們不知怎的討論起一件事來：究竟樓下的人可不可以聽到我們談天（我們都愛高談闊論）？我們決定做一個實驗：在午飯時間，銀行通常都會擠滿顧客，我們就選了這時間差派一個女同學（她名叫姬爾）走進銀行去聽——我們計劃把聲量逐漸擴大：其中一個人會先踏地板，接著另一個人加入，然後是三個人、四個人，再然後是每一個人輪流從椅子上跳下地板去，然後是從桌子上跳下地板去……，我們只想知道，樓下銀行的人會在甚麼時候聽到我們。

豈料那房間的地板遠比我們所想像的要薄！姬爾後來告訴我們，我們第一個人踏地板，樓下已經聽見了！當我們五個人一起踏地板，發出像打雷一樣的響聲時，銀行裏面反而鴉雀無聲——人人都抬頭望著天花板，想知道是甚麼一回事！姬爾站在人叢當中，心中暗忖道：「這如何是好？如果我現在走出去，會很觸目啊！可是不出去嗎，結果可能更不堪設想！」無論如何，她最終決定還是以不變應萬變好了！天花板的響聲越來越可怕了，甚至有灰掉了下來！姬爾眼見此情此景，恐怕天花板會塌下，連忙奔上來告訴我們：樓下銀行的人聽到我們了！

藉著耶穌的死，人神之間的阻隔已被挪開，神聽我們禱告聽得很清楚！藉著聖靈，我們可以坦然進到神的面前。我們不

用亂跳亂嚷，也可以得著父神的注意！

聖靈不但引領我們去到神面前，更會幫助我們禱告（羅馬書8:26）。禱告不在乎地點、姿勢、形式，最重要是看我們有否「靠著聖靈」禱告。我們的禱告必須由聖靈帶領，否則容易落入空洞枯燥之中。靠著聖靈，我們的心得以緊貼著神，禱告因此可以成為一天之中最要緊的事。

我們想與神建立關係，必須先知道神對我們說過甚麼話，這也關乎聖靈的工作。保羅說：「我求我們主耶穌基督的神、榮耀的父，將那賜人智慧和啟示的靈賞給你們，使你們真知道他；並且照明你們心中的眼睛⋯⋯。」（以弗所書1:17-18）聖靈是賜人智慧和啟示的靈，他照明我們心中的眼睛——譬如說，他幫助我們明白神藉著聖經對我們說的話。

我成為基督徒之前，讀過聽過聖經不知多少次，卻總是不能明白，所聽的道也對我毫無意義——因為昔日的我心中沒有聖靈替我解釋神的話語。事實上，還有誰可以比神的靈更能解釋神的話語嗎？

歸根究底，人除非有聖靈照明心中的眼睛，否則絕不能明白基督教信仰。人可以不斷查究基督教信仰，並在適當時候作「信心飛躍」（因瞭解而相信）——可是一切真知識始終源於信心。中世紀著名神學家安瑟倫（Anselm of Canterbury, 1033-1109）的名言：「信以致知。」[1] 唯有相信並領受聖靈的人，能夠明瞭神的啟示。

1.　J. Hopkins & J. Richardson (eds.), *Anselm of Canterbruy, Proslogion* Vol I (SCM Press, 1974).

神的靈幫助我們與神建立關係，又幫助我們維繫這關係。基督徒常常擔心自己不能持守信仰，他們的擔心不無原因——我們實在不能靠自己持守信仰！但神的靈是我們的倚靠——是我們與神保持關係的唯一倚靠。

家族特徵

有一件事常叫我訝異不已：一對長相天差地遠的夫妻，生出來的兒女竟然可以同時與父母相像！還有一件事：夫妻相處日子久了，也會越來越相像——豈不怪哉！

我們與神相交日深，神的靈就會改變我們。保羅說：「我們眾人既然敞著臉，得以看見主的榮光，好像從鏡子裏返照，就變成主的形狀，榮上加榮，如同從主的靈變成的。」（哥林多後書 3:18）我們的思想行為，會變得與耶穌基督相像，生命又會結出聖靈的果子。保羅說：「聖靈所結的果子就是：仁愛、喜樂、和平、忍耐、恩慈、良善、信實、溫柔、節制。」（加拉太書 5:22）上述素質是聖靈在我們心中生根結果的表顯。我們不會一下子變得完全，但信主一段時日後，應該可以察覺出改變來。

聖靈所結的第一樣果子是愛。愛是基督教信仰的核心主題，聖經所記的，一言以蔽之，就是神如何愛我們。神對人的心願，是人可以回應神的愛——不但愛神、也愛身邊的人。我們怎樣知道聖靈在我們心中有果效沒有？只要看我們愛神、愛人有否更多，就知道了。人若欠缺了愛，所作的就毫無價值。

保羅說第二樣果子是喜樂。新聞記者馬梅康（Malcolm

Muggeridge）曾說：「人信耶穌後，最顯著、最矚目的特徵是甚麼？是狂喜——就是那貫透全身、難以言喻的大喜樂！心中的恐懼全消，所思所想的，都是天上的事。」[1] 神所賜的喜樂，絕不受限於外在境遇，卻由心中湧流而出。曾為基督信仰被囚被虐多年的馮布倫（Richard Wurmbrand）這樣描述神所賜的喜樂：「我一個人在囚室，又冷、又餓、又髒，卻在每一天晚上唱詩跳舞讚美主。……我心中充滿喜樂，有時甚至不能不開口大聲讚美主。」[2]

保羅列舉的第三樣果子是平安。人在基督以外得著的平安，不過像一團棉花糖：又軟又綿又香又甜，只是沒有多少實質。「平安」的原文 shalom 有「完全」、「無瑕」、「健康」、「與神合一」的含義——這才是人人心中嚮往的平安！主後第一世紀羅馬哲學家愛比克泰德（Epictetus）說過：「帝王所賜之平安，不外乎免受戰爭之苦，惟不可使人免受情慾之苦、哀慟之苦、嫉妒之苦。人所追求之平安，乃心中之平安！此平安遠超外在之平安，為帝王所未能賜予。」

人心若有聖靈的果子，就會越來越與耶穌相像，性情也會日漸更新——這實在是好得無比的事。我曾聽過教會一個八十多歲的婆婆談論我們一位前任牧師，她說：「他越來越像主耶穌了。」我實在想不出還有甚麼評價比婆婆所說的更高了。我們越來越像耶穌，因為身上帶有藉著認識基督而來的香氣（哥林多後書 2:14），這全是聖靈工作的果效。

---

1. Malcolm Muggeridge, *Conversion* (Collins, 1988).

2. Richard Wurmbrand, *In God's Underground* (Hodder & Stoughton).

主內一家

我們接受了基督，成為神的兒女，就成為神大家庭的一份子。父母都希望家中一團和氣，父神當然也不例外。耶穌離世前不忘為門徒的合一禱告（約翰福音 17 章）。保羅勸勉以弗所信徒要「用和平彼此聯絡，竭力保守**聖靈所賜合而為一的心**」（以弗所書 4:3）。

世界各地的基督徒，心中都住有同一位聖靈（不論宗派、出身、膚色、種族）。聖靈的心意，是我們基督徒能夠合而為一。事實上，教會也沒有甚麼分裂的理由，因為「身體只有一個，聖靈只有一個，……同有一個指望，一主、一信、一洗、一神，就是眾人的父，超乎眾人之上，貫乎眾人之中，也住在眾人之內」（以弗所書 4:4-6）。

不論俄羅斯、中國、非洲、美國、英國、……世界各地的基督徒，心中住的是同一位聖靈，因此從某方面來說，宗派（天主教、路德宗、循道會、浸信會、五旬節宗、聖公會、家庭教會、……）之別不應該阻撓我們在主裏的合一，因為最重要的是我們心中是否住有同一位聖靈。人若心中有聖靈，就是基督徒，就是主內弟兄姊妹！我們得以成為一個大家庭，實在是無上光榮——信耶穌的其中一樣大喜樂，就是經歷弟兄姊妹在主裏合而為一。對我來說，我在教會裏面所體驗主內肢體關係的深廣，是在教會外面找不到的。我們必須在各個層面上（不論小組、堂會、地方教會、普世教會）竭力保守聖靈所賜合而為一的心。

每一個兒女的禮物

雖然神的兒女有「家族特徵」，又追求「合而為一」，但神的兒女絕非一式一樣！地上沒有兩個孩子是一模一樣的，就算是攣生子，也各有各的特徵——神的兒女也是如此。每一個基督徒都是獨一無二的，我們各有不同的恩賜，也各有不同的貢獻。新約聖經有幾處把聖靈恩賜列出來，譬如保羅在哥林多前書列了九樣恩賜：

> 聖靈顯在各人身上，是叫人得益處。這人蒙聖靈賜他智慧的言語；那人也蒙這位聖靈賜他知識的言語；又有人蒙這位聖靈賜他信心；還有一人蒙這位聖靈賜他醫病的恩賜；又叫一人能行異能；又叫一人能說預言；又叫一人能辨別諸靈；又叫一人能說方言；又叫一人能翻方言。這一切都是這位聖靈所運行、隨己意分給各人的。（哥林多前書 12:7-11）

保羅在別的書信也有提及別的恩賜：作使徒、作先知、作教師、幫助人、治理事（哥林多前書 12:28-30）、傳福音、牧養信徒（以弗所書 4 章）、作執事、勸化人、施捨、治理、憐憫人（羅馬書 12:7-8）、講道、服事（彼得前書 4:11）。有一件事可以肯定：保羅沒有把所有恩賜都說出來。

神的恩賜全屬美善——雖然有些恩賜（譬如：行異能）會比別的恩賜更容易使人看得出是神的大能表顯。屬靈恩賜也包括了人的天賦才華，不過人的天賦才華必須先經歷聖靈改造更新。德國神學家莫特曼（Jurgen Moltmann）說：「原則上，人的每一樣潛能才幹都可以變為『靈恩』（聖靈恩賜），只要那人被神呼召、他的潛能才幹又被神使用就可以了。」

　　所有基督徒都有或多或少的恩賜。哥林多前書12章的教訓精要，可說盡在「各人身上」（節7）這片語之上。每一個基督徒都是基督的肢體，雖然各有不同，身子卻只有一個（節12）。基督徒「都從一位聖靈受洗，……飲於一位聖靈」（節13）。基督徒沒有等級之分，我們領受同一位聖靈，但各有不同的恩賜。

　　我們必須好好運用神給我們的恩賜。今日教會一個大問題，就是太少基督徒運用神的恩賜。教會增長專家吉布斯（Eddie Gibbs）說：「與教會事奉情況相比，今日英國的失業率實在算不得甚麼！」[1] 很多教會的情況是：絕小部分會友擔負起絕大部分事奉，終日疲於奔命，其餘的絕大部分會友卻游手好閒。有人形容教會就像足球比賽：成千上萬急需運動的人，坐著觀看二十二個急需休息的人滿場跑！

　　教會每一個人都必須發揮功能，否則教會難以有所作為。教會領袖沃森（David Watson）指出：「各個教會不分宗派，多年來不是『以講壇為中心』、就是『以祭壇為中心』，因此教會的主角只剩下兩大類人：講員、祭司。」[2] 其實教會每一個人都要登上舞台，扮演神所分派的角色，教會才能好好演繹神所賜的劇本。

　　聖靈賜恩給每一個基督徒。神不要求我們滿有恩賜、卻要求我們善用恩賜，並渴慕神賜下更多恩賜（哥林多前書12:31; 14:1）。

1.　　Eddie Gibbs, *I Believe in Church Growth* (Hodder & Stoughton).

2.　　David Watson, *One In The Spirit* (Hodder & Stoughton).

生養眾多

開枝散葉,是家庭的天然特質。神對亞當與夏娃說:「要生養眾多。」神的家開枝散葉,理應是挺自然的事——這也關乎聖靈的工作。耶穌說:「聖靈降臨在你們身上,你們就必得著能力,並要在耶路撒冷、猶太全地、撒瑪利亞,直到地極,作我的見證。」(使徒行傳 1:8)

聖靈賜人動力與能力為主大膽作見證。劇作家瓦茨 (Murray Watts) 講述一個故事:一個青年接受了基督教信仰,卻不敢「做基督徒」,因為懼怕「基督徒」的名號。他每逢想到要為耶穌「作見證」、要被人看為「宗教狂」,就不寒而慄。

幾個禮拜過去了,青年一直想忘記「做基督徒」的事,卻始終硬不起心腸!他的心裏似有聲音不斷對他說:「來!跟從我!」

他終於抵受不了,於是向一位基督徒長者請教。長者信主很多年了。青年向長者述說自己的難處:他實在害怕要「作見證」,因此不敢「做基督徒」……。長者聽完青年的話,輕輕歎了一聲,搖頭說:「這是你與耶穌基督之間的事啊,為甚麼要牽涉那麼多人呢?」青年略帶遲疑的點一點頭。

長者又說:「你起來,回家,關上你房間的門,獨自向主禱告,說你要做基督徒——不要理會世界,也不要理會家人,單單與神立約,這是神與你之間的事。」

青年越聽心中越覺輕省!「你的意思是……,我不用告訴任何人?」

「不。」老者說。

「一個人也不用？」

「如果你不想，一個人也不用。」青年從未聽過這樣大膽的建議。

「你**肯定**我可以這樣做？」青年乍驚乍喜，聲音開始顫抖。「我真的可以這樣做？」

「可以。」長者說。

青年回到家中，關上房門，跪下來禱告，接受了基督——然後衝下樓梯，走進廚房，廚房坐著他妻子、父親、還有三個朋友。「你們知道嗎？」青年興奮莫名的呼叫說：「原來做基督徒不用告訴其他人呢！」[1]

我們經歷過聖靈的實在，就會渴望告訴別人！我們不斷告訴別人神的實在，神的家就會不斷增長。神的家若要不斷增長，我們就要帶領更多人成為家中的一份子——然後新的家庭成員又會領受聖靈能力，告訴更多人耶穌的實在。

我在本章曾多次強調：每一個基督徒都有聖靈居住在心中。保羅說：「人若沒有基督的靈，就不是屬基督的。」（羅馬書 8:9）然而，並非每一個基督徒都被聖靈充滿。保羅寫信給以弗所信徒說：「要被聖靈充滿。」（以弗所書 5:18）下一章我們要看怎樣才能被聖靈充滿。

上一章我用了創世記 1:1-2（聖經卷首）作為引言，這一章我會用啟示錄 22:17（聖經卷末）作結——聖靈實在活躍於整部聖經之中——從創世記到啟示錄。

1.　Murray Watts, *Rolling in the Aisles* (Monarch Publications, 1987).

> 聖靈和新婦都説：「來！」聽見的人也該説：「來！」口渴的人也當來，願意的，都可以白白取生命的水喝（啟示錄 22: 17）。

神願意以他的靈充滿我們每一個人。有人渴望被聖靈充滿，有人不大在意聖靈——因為他們不覺得「渴」。如果你不曾渴慕聖靈的實在，為甚麼不求神賜你那樣的渴慕？我們無論站在甚麼地步，神都會體恤我們。我們覺得渴了，向神求，神就會讓我們「白白取生命的水喝」。

10

怎樣被聖靈充滿？

　　我有一個傳道人朋友名叫約翰。約翰有一次應邀在一個研討會上分享，他說他發現一個現象——很多傳道人經常勸勉基督徒做這做那，卻從不教導基督徒**怎樣**做——傳道人說：「你們要讀聖經！」約翰要問：「好呀——但怎樣讀？」傳道人說：「要多禱告！」約翰要問：「好呀——但怎樣禱告呢？」傳道人說：「要傳福音！」約翰要問：「好呀——但怎樣傳呢？」我在本章要探討的，就是**怎樣**的問題：怎樣被聖靈充滿？[1]

　　我家裏有一個舊式煤氣鍋爐，鍋爐上的指示燈亮了就不會熄——不管鍋爐的水是熱是涼！有些基督徒就像我家的鍋爐，他們那「聖靈指示燈」雖然亮了，卻不能保證他們真是心裏火熱！相反，被聖靈充滿的基督徒就像一個大洪爐一般的火光熊熊——我的比喻可能有點不倫不類，但只要你親身碰見「被聖靈充滿的基督徒」，就會明白我的笨拙比喻！

1.　近年間很多關乎聖靈經驗的討論，都離不開命名的爭議：究竟「那經驗」應該稱為「聖靈的洗」、「被聖靈充滿」、「聖靈的釋放」、「聖靈的授權」、……還是甚麼？答案可謂眾說紛紜、莫衷一是。以我的認識，新約聖經對這關乎「命名」的問題實在沒有清清楚楚的教導，但新約聖經毫不含糊的告訴我們：基督徒必須切切實實的經驗聖靈。我自己覺得「被聖靈充滿」是最合乎新約聖經的叫法——這也是我在本書的用法。

有人說，新約使徒行傳是教會的第一冊史記，我們從中可以發現好幾個基督徒被聖靈充滿的實例。當然最理想的情況，是每一個基督徒都在信主之際同時被聖靈充滿，但這似乎不是常規（無論從新約聖經記載、或今時今日基督徒的經驗看）。其實我們從前討論過的使徒行傳 2 章就是一例——使徒在「信主」一段時日後，聖靈才降在他們身上。我們從使徒行傳 2 章看下去，還會發現其餘類似例子。

使徒行傳 8 章記載：彼得和約翰前往撒瑪利亞為當地信徒禱告，讓他們領受聖靈。行邪術的西門看見了驚訝不已，竟然拿錢給使徒要買他們的事奉權柄——最終被彼得諄諄訓誨一番。這一段記載正好表明，撒瑪利亞信徒「領受聖靈」之際，必有奇妙而明顯的事發生在他們身上。

使徒行傳 9 章記載了教會歷史上一次最傳奇的信主經歷：掃羅（就是後來的使徒保羅）歸主。

使徒行傳 8:3 記道：「掃羅殘害教會，進各人的家，拉著男女下在監裏。」9:1 記道：「掃羅向主的門徒口吐威嚇兇殺的話。」

可是同一個掃羅竟然在幾天後「在會堂裏宣講耶穌，說他是神的兒子」（節 20）。「凡聽見的人，都驚奇說：『在耶路撒冷殘害求告這名的，不是這人嗎？』」（節 21）

掃羅為甚麼會有這樣翻天覆地的轉變？我認為理由是：一、掃羅在往大馬色的路上遇見耶穌；二、掃羅被聖靈充滿（節 17）——他「眼睛上好像有鱗立刻掉下來，他就能看見。」（節 18）我曾聽過見過不少類似的事：不信的人（甚至強烈反對基督教

信仰的人）突然信耶穌、受聖靈，生命從此徹底轉向，成為耶穌基督的大能使者。

使徒行傳 19:1-7 記載：保羅在以弗所碰見幾個信徒，他們從未聽過聖靈降臨的事。保羅按手在他們頭上，聖靈就降在他們身上，他們就說方言、又說預言。今天的基督徒當中，也有這樣的人，他們信主已有一段時日（甚至大半生），可能已受了洗、領了堅信、甚至每一個主日都上教堂去——卻對聖靈的事幾乎一無所知。

使徒行傳還有另一實例，我想深入一點看——那是新約聖經第一次記載外邦人被聖靈充滿的事。

神做了一件極不尋常的事：神的使者向一個名叫哥尼流的外邦人顯現，然後向使徒彼得顯現。神賜彼得一個異象，吩咐他去見一個名叫哥尼流的外邦人，彼得聽從神的吩咐去了。他進到哥尼流的家，宣講耶穌基督的福音，但他的話還未說完，有一件奇事發生了：「聖靈降在一切聽道的人身上。那些奉割禮和彼得同來的信徒〔猶太裔基督徒〕，見聖靈的恩賜也澆在外邦人身上，就都希奇，因聽見他們說方言，稱讚神為大。」（使徒行傳 10:44-46）在本章餘下篇幅，我想探究一下上述記載說明了甚麼事。

他們經驗了聖靈的能力

彼得不得不終止講道，因為有明顯的奇事發生了——聖靈降在人身上之際，很少人會不知不覺！雖然每一個人所經驗的不盡相同。

145

路加在使徒行傳 2 章所描述的五旬節聖靈降臨情景，很容易令人聯想到熱帶地方豪雨驟降的景象——聖靈的能力就像雨水那樣洗透一眾門徒的全身。

門徒聽見風聲——不是真的風，而是「好像一陣大風吹過」（節 2）——是神的大能彰顯，是神的「靈」、神的「風」、神的「呼氣」（ruach）。有些人被聖靈充滿時，身體會搖擺不定，就像樹葉在風中飛舞；有些人發現自己會不停的深呼吸，像要把聖靈吸進體內。

門徒又看見「有舌頭如火焰顯現出來」（節 3）。有些人被聖靈充滿時，會覺得手（或身體其他部位）發熱。有人說覺得「渾身是火」，有人說感到有一股「液態熱能」在身上流動，也有人形容「手臂彷彿著了火，卻不覺得火燙」。也許「火」不過是意象，表明聖靈要使我們的生命滿有權能、熱情、純潔。

還有一些人被聖靈充滿時，會深深感受到神的愛。保羅為以弗所信徒祈求的是他們「能以和眾聖徒一同明白基督的愛，是何等的長闊高深」（以弗所書 3:18）——基督的愛不僅及於今生，更延至永恆；基督的愛闊不可量，直達萬族萬邦；基督的愛高達諸天，把我們提到天父跟前；基督的愛深不可測，無論我們陷入何等墮落的光景，主耶穌仍要救拔我們——十字架的愛就是憑據。基督愛我們，願意為我們死。保羅所祈求的，是我們都能明白主愛有多深。

可是保羅的話還未說完呢！他還祈求我們「**知道**這愛是**過於人所能測度的**，便叫神一切所充滿的，充滿了你們」（節 19）。我們單單「明白」基督的愛仍不足夠，還要親身「體驗」

這愛（「這愛是過於人所能測度的」）。很多時候，基督徒要等到被聖靈充滿了，才能充份體會基督的大愛。

歷史上著名清教徒領袖古德文（Thomas Goodwin）曾打了一個很貼切的比喻：一個父親拖著小兒子在路上走，小兒子知道父親拖著他的手，也知道父親愛他，可是父親突然停下來，把小兒子抱在懷裏，親了他的臉一下，再放下小兒子繼續走路——古德文說，我們走在路上，父親拖著我們的手，已叫我們歡天喜地，但如果父親摟著我們，那喜樂就更添百倍了。

司布真（C. H. Spurgeon）說：「神擁抱我們，向我們傾注他的愛……。」鍾馬田（Martyn Lloyd-Jones）在他的《羅馬書注釋》，曾記下許多名人如何親身經驗神的事跡——甚麼是「聖靈經驗」？鍾馬田說：

> 我們得明白，這實在是不平凡的經驗——這絕不是唾手可得、人盡皆知、平平無奇的經驗——這絕不是「感覺」那麼簡單。有人說：「不要理會你的感覺。」不要理會你的感覺？你親身經驗過聖靈後，那感覺是那樣的深，你甚至會懷疑自己從前曾否有過「感覺」！那是人所能經驗的最刻骨銘心的感受。[1]

他們放聲讚頌神

哥尼流他們被聖靈充滿，就盡情放聲稱讚神。任何與神相親相近的人，都會自然而然說出頌讚神的話來——其餘一切頌讚神的舉動，都是全身全心投入的舉動！有人問我說：「在教

1.　Martyn Lloyd-Jones, *Romans,* Vol. VIII (Banner of Truth, 1974).

會表露感情？合宜嗎？不怕會變成煽情嗎？」

可是對我們大多數人來說，我們的問題是「絕情」（對神不冷不熱）──而不是「濫情」！我們與神的交往是冷冰冰的、還是火辣辣的？我們與神有感情交流嗎──有交情、溝通、相知、相愛嗎？如果我和妻子欠缺感情交流，我對她還有愛可言嗎？我們必須**整個人**投入的與神建立關係，盡心盡力愛慕神、讚美神、敬拜神，這是我們當盡的義務。

有人會反駁說：在私底下表露感情當然恰當，但在公眾場合就大不合宜了──真的是這樣嗎？英國坎特伯雷大主教（Archbishop of Canterbury）凱里（George Carey）日前出席一個研討會，倫敦《時報》（The Times）作出報導，記者特別提到「感情」在今日教會的位置：

> 一套喜劇成功與否，在乎能否引起哄堂大笑；一套悲劇成功與否，在乎能否賺人熱淚；一場球賽刺激與否，在乎能否牽動觀眾情緒──既然如此，為甚麼基督徒在教會崇拜當中被神的榮美深深觸動，卻被指為「煽情」呢？

當然，有些人的舉動的確可以稱為「煽情」──那些人只顧引發信眾產生情緒、而不是按正意分解聖經真理。可是正如前任考文垂主教（Bishop of Coventry）巴斯里（Cuthbert Bardsley）說過：「英國聖公會的最大危機，絕非盲目煽情。」我們也許可以補充說：「其他基督教宗派也不例外。」我們必須全人投入，以心思、意志、感情，敬拜主我們的神。

他們得著新的方言

　　哥尼流他們被聖靈充滿，就說起方言來。同樣的事在使徒行傳2章（五旬節）、19章（以弗所）都發生過。「說方言」是甚麼？就是說出一種從未學過的語言——可以是天使的語言（哥林多前書13:1），換言之，是人不曉得的；也可以是其他民族的語言（使徒行傳2章）。

　　我們教會有一個會友名叫珮莉，她有一次為一個女孩子禱告，禱告當中不曉得怎樣說下去，於是改用方言禱告。那女孩子臉露笑容、張開眼睛、笑著對珮莉說：「你剛才說了俄語呢。」那女孩子是英國人，但她深愛俄文，又能說一口流利的俄語。珮莉問那女孩子道：「我剛才說了甚麼？」那女孩子答道：「你不斷重複說：『我的寶貝女兒。』」珮莉一個俄文字也不懂，可是對那女孩子來說，珮莉說出口的幾個俄文字，卻帶給她極大的安慰，因為藉著珮莉的口，神向那女孩子表明他是如何愛她、看重她。

　　說方言是聖靈恩賜之一，這恩賜為無數基督徒帶來極大的福氣。說方言不是唯一的聖靈恩賜、也不是最重要的聖靈恩賜，並非每一個基督徒都有這恩賜，而這恩賜也絕不是基督徒被聖靈充滿的標記——人可以被聖靈充滿，卻不說半句方言，這完全是可能的事。不過話又說回來，無論從新約聖經記載、或眾多基督徒的體驗看，說方言很多時候是被聖靈充滿的表顯，也是很多基督徒經驗聖靈大能的第一次經歷。今天有很多人覺得這恩賜很神祕、很玄妙，所以我在本章會花一些篇幅探討說方言的事（相關的聖經教導記在哥林多前書14章）。

說方言究竟是甚麼一回事？

說方言是其中一種禱告方式（在新約聖經我們可以發現好幾種禱告方式）。保羅說：「那說方言的，原不是對人說，乃是**對神說**。」（哥林多前書 14:2）保羅又說：「說方言的，是造就自己。」（節 4）能夠直接造就教會的屬靈恩賜固然重要，但這不等於說方言的恩賜就不重要！說方言的最大好處，是這種禱告方式可以衝破人類語言的局限，保羅說：「我若用方言禱告，是我的靈禱告，但我的悟性沒有果效。」（節 14）保羅所指的，似乎就是人類語言的局限。

人要表達思想，或多或少會受制於語言能力的高低。有人說平均一個英國人懂得 5,000 個英文字詞，有人統計過邱吉爾（Winston Churchill）用的英文字詞超過 15,000 個，但即使雄辯滔滔如邱吉爾，語言能力總也有極限。我們常常覺得難以清楚表達心底的想法，就是所謂的「心中有話口難開」、「說不出的感覺」。我們面對人會有那樣的感受，面對神何嘗不是？

說方言的好處在此盡顯無遺，因為方言可以幫助我們向神說出心底的話，而不會受限於語言能力——因此保羅說：「我的悟性沒有果效。」「悟性沒有果效」不等於「謀殺悟性」，不過是「不經悟性」罷了。

有甚麼益處？

很多人覺得說方言的恩賜在下述三種情況尤其珍貴。

一、在**敬拜讚美**當中，我們常常會覺得自己拙口笨舌。我們看看孩童（甚至很多成人）寫的致謝信，他們似乎用來用去

都是那麼幾個形容詞（「好吃」、「好玩」、「好開心」）！我們在敬拜神、讚美神當中，也有張口結舌的時候。

我們多麼渴望向神傾訴心底的話（尤其當我們被聖靈充滿之時）！說方言的恩賜可以幫助我們繞過語言的障礙。

二、我們有時**身處壓力底下，必須馬上禱告**，卻不知道應該怎樣說，因為滿心是焦慮或憂傷。不久前，我為一個二十六歲的男人禱告，他結婚才一年，妻子就得了癌症離世。他很想得著說方言的恩賜，我們禱告不久，他就得著了——他一年來的重壓與哀傷，彷彿一下子在神面前都卸下了，那是非常感人的一幕情景。

我也有類似的經歷。幾年前有一天我在教會開職員會，突然接到消息：我母親心臟病發給送進了醫院，我聽見就馬上衝出教堂找計程車趕去醫院。我在車上很想禱告，卻不能組織半句有意義的句子！我多麼感激自己可以用方言禱告，得以在趕赴醫院途中，不斷把母親的事交託神。

三、很多人**為別人禱告**時，發覺說方言的恩賜格外有用。為別人禱告絕不是易事（尤其當你的代禱對象已音訊全無一段時日！），很快你就發覺，你所能說的禱詞來來去去不離：「主啊，求你賜福他！」如果我們嘗試用方言開始代禱，很多時會發現神會賜我們合適的言語繼續禱告下去。

保羅說：「說方言的，是造就自己。」（哥林多前書 14:4）——但這不等於說，說方言是單為自己的益處！潘靈卓（Jackie Pullinger）憶述自己的事奉怎樣經歷更新變化：

〔於是〕我乖乖的學習用聖靈賜給我的新語言禱告，每天禱

告十五分鐘（沒有任何異樣感覺呢！），同時求聖靈幫我為那些我關心的人代禱。一個多月後，我開始毫不費勁就能引領人歸信耶穌！我看見黑幫少年跪在地上為自己的罪哭求赦免、癮君子毒癮全消、各色各樣的人得醫治——我知道這絕不是我的功勞。

說方言的恩賜，又成為潘靈卓得著其他聖靈恩賜的鑰匙：

> 我們又開始經驗其餘的聖靈恩賜，事奉因此越來越得力。很多人（黑幫份子、有錢人、學生、宗教人士）信主並得著聖靈所賜的新語言。我們私底下用方言禱告，聚會當中也會用方言禱告，兼用其餘的聖靈恩賜彼此服事。我們開辦了幾家「戒毒屋」，前來的癮君子都可以無痛無楚的戒掉毒癮——都是藉著聖靈的大能。[1]

保羅贊成人說方言嗎？

哥林多前書14章的寫作背景，是哥林多教會的人在公開聚會濫用說方言的恩賜。保羅說：「**在教會中**，寧可用悟性說五句教導人的話，強如說萬句方言。」（節19）試想想看：如果保羅在哥林多教會只用方言講道，沒有人翻譯出來，那對信眾有甚麼益處呢？因此保羅定立了一些在教會聚會當中說方言的指引（節27）。

可是保羅也曾明明的說：不要禁止人說方言（節39），甚至鼓勵信徒多用方言與神交通：「我願意你們都說方言。」（節5）保羅又說：「我感謝神，我說方言比你們眾人還多。」（節

---

1. Wimber & Springer (eds), *Riding the Third Wave* (Marshall Pickering).

18) 我必須重申：我這樣說，不代表我認為每一個基督徒都非說方言不可，更沒有暗示不說方言的基督徒都是「次等基督徒」——基督徒沒有等級之分！我們不說方言，也不代表神愛我們少一些！

怎樣可以得著說方言的恩賜？

有人說：「我不想要說方言的恩賜。」神不會強迫人領受恩賜！說方言不過是聖靈眾多奇妙恩賜之一，不是唯一的一樣！話又說回來，人無論領受任何禮物，都必須先有信心。

並非每一個基督徒都說方言，可是保羅明明的說：「我願意你們都說方言。」換言之，這恩賜不是單為一小撮特權份子而設——每一個願意領受這恩賜的基督徒，都可以得著這恩賜。保羅沒有說，得著新方言就是得著基督徒生命的一切，他只說說方言是很有用的恩賜，可以造就生命。

我們要領受神的恩賜，就必須與神的靈同心同工，神不會強把恩賜加諸我們頭上！我剛信主不久，曾看過一本書，作者說聖靈恩賜隨著使徒時代（就是主後第一世紀）過去已統統消沒了，今天世上已不再存在聖靈恩賜。後來我聽聞世上仍有說方言的事，為了證明我所持的觀點正確（今天世上再無聖靈恩賜），我就求神賜我說方言的恩賜——我緊閉著口向神求，也真的沒有方言賜下！——我就此認定說方言的恩賜已成過去。

不料後來有兩個朋友探望我，他們剛被聖靈充滿、又領受了說方言的恩賜。我很肯定的告訴他們，聖靈恩賜已成過去了——但我看著他們的改變——他們臉上透著屬天的光采（直到今天仍是！），那是無可推諉的事實！我終於決定也要追求被

聖靈充滿並説方言，於是走去找那幾個為我兩個朋友禱告的人
為我禱告——他們真的為我禱告，我立時感到聖靈的能力在
我身上。他們告訴我，如果我想領受説方言的恩賜，就必須與
聖靈合作：我必須開口説話——但不要説英語！我聽從他們的
吩咐，就此領受了説方言的恩賜。

基督徒不被聖靈充滿的常見攔阻

耶穌曾向門徒論述禱告與聖靈的事（路加福音 11:9-13），
當中提到我們領受神的恩賜時，會有甚麼攔阻。

疑惑

人在求神恩賜的事上，總有各種各樣疑惑，當中最大的疑
惑是：「就算我願意向神求，真的可以得到所求的嗎？」

耶穌的話乾淨利落：「我告訴你們：你們祈求，就給你
們。」

耶穌知道門徒仍不安心，因此再強調説：「尋找，就尋
見。」

耶穌第三遍説：「叩門，就給你們開門。」

耶穌很明白人的本性！所以又説：「因為凡祈求的，就得
著。」

門徒仍未敢相信，耶穌第五遍説：「尋找的，就尋見。」

耶穌最後多説一遍：「叩門的，就給他開門。」

耶穌為甚麼同一意思要説六遍？因為他明白我們的軟弱！
我們很難相信神真的會賜我們甚麼——何況這莫大的禮物——

神的聖靈、聖靈的恩賜？

恐懼

　　有人越過了疑惑的欄，卻給恐懼的欄絆倒了——他們相信神會聽我們祈求，但神會賜給我們「好東西」嗎？

　　耶穌以地上的父親為比喻：兒子求魚，父親會給他蛇嗎？兒子求雞蛋，父親會給他蠍子嗎（節 11-12）？沒有父親會做出那樣的事！耶穌說我們「雖然不好，尚且知道拿好東西給兒女，何況天父，豈不更將聖靈給求他的人？」（節 13）神絕不會叫我們失望而回。

自卑

　　我們祈求父神之前，一定要先確定我們心中沒有隱藏的罪惡或明顯的過犯——不過就算我們竭力認罪悔改了，可能仍會有自卑、不配的感覺瀰漫心頭，使我們不敢相信神真的會賜予我們甚麼——可能神會賜予那些「屬靈」基督徒各樣恩賜，但我們怎能與那些人相比？猶幸耶穌的話不是「天父豈不更將聖靈給求他的『屬靈』基督徒？」而是「天父豈不更將聖靈給**求他的人？**」（節 13）

　　如果你想被聖靈充滿，可以找一些合適的人為你禱告。即使你找不到任何合適的人，也可以自己向父神求。有些人被聖靈充滿了，卻沒有領受說方言的恩賜——這兩件事並非必然同時發生。不過話又說回來，無論按照新約聖經記載、或基督徒的親身經驗，這兩件事往往同時發生——既然如此，我們何妨同時求這兩樣呢？

如果你自己向父神求，下列幾點可以幫助你：

1. 求神赦免你的過犯罪惡，挪去一切攔阻你領受聖靈的事。

2. 立志悔改一切已知的過犯罪惡。

3. 求神以他的靈充滿你，也求神給你說方言的恩賜——要不斷尋找，直到神讓你尋見！要不斷叩門，直到神給你開門！要全心竭力尋求神！

4. 開口讚美神——但不要用任何你懂得的語言。

5. 要相信你所領受的語言從神而來——不要聽別人說你的方言是胡亂拼揍而成（這實在不大可能）。

6. 要忍耐。學習任何語言都要付出時間，學習之初都不過是牙牙學語，可是詞彙會逐漸增加。說方言也是一樣，我們需要時間才會學得好，因此不要輕言放棄。

被聖靈充滿不是一次過的經驗。彼得在使徒行傳 2-4 章曾三次被聖靈充滿（2:4; 4:8,31）。保羅在以弗所書 5:18 說：「要被聖靈充滿。」保羅所用的動詞是現在進行式，換言之，保羅勸我們要不斷被聖靈充滿。

11

怎樣抵擋罪惡？

善與神、罪惡與魔鬼——有甚麼關聯嗎？有趣的是，在英語裏頭，善（good）與神（God）只差一個字母，而罪惡（evil）與魔鬼（Devil）也只差一個字母！一切美善從神而來，一切惡念誘惑背後總見魔鬼。

今天地上滿是罪惡，有人因此認為相信魔鬼存在比相信神存在要容易得多。電影《驅魔人》（The Exorcist）編劇兼監製威廉彼得百地（Wiliam Peter Blatty）說：「要我相信有神嗎！似乎不大容易，⋯⋯可是要我相信有魔鬼就不大困難了。⋯⋯魔鬼不斷宣傳自己，⋯⋯他的廣告無處不在。」[1]

不過也有不少西方人覺得信有魔鬼比信有神更難，可能他們心中的魔鬼形象早被扭曲了。有些人心目中的神，是一位坐在雲端的白髮老翁，這已經夠荒誕了，卻遠不及遊弋火海之中的有角魔鬼來得趣怪！不過魔鬼絕不是來自外太空的異形——他是實實在在的邪惡存有物，今天仍然活躍於人世間。

我們若相信世上有神，就理應同時相信有魔鬼。

1.　Alan MacDonald, *Films in Close Up* (Frameworks, 1991).

相信超然的惡存在，與相信超然的善存在——兩者有衝突嗎？絕不應該有衝突。恰恰相反，如果世上沒有撒但，那麼自然界的災難、人類的惡念罪行，是從哪裏來的呢？豈非從神而來？[1]

按照聖經的世界觀，一切罪惡都源於魔鬼。「魔鬼」的希臘文 diabolos 由希伯來文 satan 翻譯而來。聖經就撒但的來源沒有太多論述，只暗示撒但是墮落了的天使（以賽亞書 14:12-23）。事實上，撒但在舊約聖經不過出現幾次而已（約伯記 1 章；歷代志上 21:1），但從這僅有的幾段舊約經文，我們也可以知道撒但不是一股力量，而是「有位格的」（personal）存有物。

新約聖經對魔鬼的著墨比舊約聖經多許多：魔鬼是有「位格」的靈物，他不斷敵擋神，並領導一大群鬼魔一起悖逆神；保羅警戒我們要「抵擋魔鬼的詭計，因我們並不是與屬血氣的爭戰，乃是與那些執政的、掌權的……以及天空屬靈氣的惡魔爭戰。」（以弗所書 6:11-12）

保羅勸誡我們絕不可低估撒但鬼魔的權勢：他們狡猾陰險（「魔鬼的詭計」〔節 11〕）、大有能力（「執政的、掌權的」〔節 12〕）、邪惡不堪（「惡魔」〔節 12〕），所以基督徒遭受神的仇敵屢屢猛攻，實在不足為奇。

為甚麼相信有魔鬼？

有人說：「今時今日的人，還可以相信有魔鬼存在嗎？」我

---

1. Michael Green, *I Believe in Satan's Downfall* (Hodder & Stoughton, 1981).

認為答案是肯定的，理由如下：一、這是聖經的教導。關乎撒但的事，聖經沒有說得太多——舊約聖經說得很少、新約聖經說得多一點。但從聖經所記的看，耶穌明顯相信魔鬼的實在（他曾經親自被撒但試探）。耶穌經常從人的身上趕出鬼魔，把人從罪與鬼的捆綁中釋放出來，又賜門徒權柄做同樣的事。除了福音書，新約聖經其餘經卷也有論述魔鬼的作為（例：彼得前書 5:8-11；以弗所書 6:1-12）。

二、歷代基督徒都異口同聲的確認魔鬼的實在。不論初期教會教父、改教家、大有能力的福音使者（如：約翰衛斯理〔John Wesley〕、懷特非〔George Whitefield〕），並今日一切敬畏神的弟兄姊妹，都深深知道邪靈權勢的實在。基督徒只要一心一意事奉主，鬼魔的怒氣就會發作！「魔鬼只會引誘那些立志棄絕罪惡的靈魂，……其餘的無需理會，因為他們根本就歸於撒但一夥。」[1]

三、魔鬼的實在，其實顯而易見：暴政、逼害、屠殺、強姦、販毒、恐怖主義、虐待兒童、秘術、撒但祭祀虐待……，種種惡行的幕後黑手是誰？正如一首小曲的歌詞說：

> 你說鬼來了、又去了。
>
> 但我們這些小人物
>
> 只想知道：
>
> 是誰繼續作惡了？

1.　Jean-Baptiste Vianney.

不論聖經教導、聖徒傳統、人情事理都告訴我們：世上真有魔鬼！但這不等於說我們要整天談論魔鬼的事！魯益師（C. S. Lewis）說得好：「在鬼魔的事上，人常常掉進兩個錯誤之中：要麼斷然否定鬼魔存在、要麼對鬼魔的興趣過了份。這兩個錯誤恰恰相反、卻同樣害人不淺。我們不論犯上哪一個錯誤，鬼魔同樣高興——鬼魔喜歡唯物論者、同樣喜歡秘術法師。」[1]

格米高（Michael Green）說：

> 但凡兩軍對陣，雙方將領都必然希望敵方低估己方的實力，……撒但對今日世人的屬靈光景必然欣喜萬分，因為沒有太多人把魔鬼當作一回事——所以撒但可以自由行動，不受阻撓。撒但越能繼續令人懷疑他的實在，他的地位就越穩固——他也越能弄瞎人的心眼，越能實現他的大計。[2]

時下不少人對鬼魔的興趣都過了份，無論招魂術、掌相學、靈乩牌、關亡術、占星術、星座運程、巫術、秘術，都有捲土重來之勢。聖經早有明言禁戒神的子民與偶像、邪靈交往（申命記 18:10；利未記 19:20；加拉太書 5:19；啟示錄 21:8；22:15）。如果我們參與過這些事，就要馬上悔改，並毀掉一切與邪術有關的書籍、符咒、雜誌、錄影帶（使徒行傳 19:19），神必赦免我們的過犯。

基督徒有時也難免行差踏錯。有一個信主不久的基督徒給我看幾本「基督教」書，內容都是討論魔鬼的作為（尤其是啟示錄中關乎「獸」的數字——作者硬指信用卡與「獸」的數目

1. C. S. Lewis, *The Screwtape Letters* (Fount, 1942).

2. Michael Green, *I Believe in Satan's Downfall* (Hodder & Stoughton, 1981).

有關）。我絕不懷疑作者的寫作動機，但作者的寫作重點似乎錯置了——我們看過聖經，就知道聖經作者的論述重點，總不會偏離神。

魔鬼有何詭計？

撒但的終極目標，是毀滅全人類（約翰福音 10:10），他總要引領我們走上滅亡之路。撒但的首要工作，是攔阻人相信耶穌基督。保羅說：「此等不信之人，被這世界的神弄瞎了心眼，不叫基督榮耀福音的光照著他們。基督本是神的像。」（哥林多後書 4:4）

我們一日仍在撒但的陣營，心眼就仍未打開，因此也就難以察覺撒但的詭計。可是我們一日走在生命的道上，心眼得見真光，就會馬上察覺鬼魔的連番進犯。

鬼魔的起手式總是「疑惑」。創世記 3 章記著，蛇（就是撒但）對夏娃說：「神豈是真說……？」蛇使出的第一招，就是挑起夏娃心中的疑惑。

撒但試探耶穌，用的也是同一策略：「你若是神的兒子……。」（馬太福音 4:3）撒但對付我們的策略會例外嗎？鬼魔今天仍不斷轟炸我們的心思：「神豈是真說這樣做不妥當？」又或者是：「你若是基督徒……。」撒但務求動搖我們對神話語的信任，又要離間我們與神的關係。我們因此必須認清心中疑惑的源頭。

「疑惑」不過是「頭盤」，「主菜」還在後頭呢！聖經形容撒但為「那試探人的」（馬太福音 4:2），我們在創世記 3 章，

可以清楚看見撒但怎樣試探人。

創世記 2:16-17 記載，神賜予亞當與夏娃莫大的特權（「園中各樣樹上的果子，你可以隨意吃」），卻只有一道禁令（「只是分別善惡樹上的果子，你不可吃」），又清楚宣告了違反那禁令的刑罰（「你吃的日子必定死」）。

撒但絕口不提神賜予人的莫大特權，卻只導引人去留意神的唯一禁令——撒但更故意誇大那道禁令的範疇（創世記 3:1）。這策略撒但一直沿用到今天！撒但在我們面前仍然絕口不提神「厚賜百物給我們享受」（提摩太前書 6:17）——就是與神同行的福氣、基督化婚姻與家庭的福樂、弟兄姊妹的可貴等等。神賜予他兒女的百般福份，撒但一一抹殺，反而不斷提醒我們那神不允許我們做的事：不能醉酒、不能污言穢語、不能好色邪蕩。然而，神不允許我們做的事實在不多，而且都是為了我們的益處。

撒但又質疑神的刑罰。他對夏娃說：「你們不一定死。」（創世記 3:4）撒但的意思是：違抗神的禁令，其實有益無損：因為神不過要掃人的興，不想人得著最好的東西罷了，人若不掙脫神的禁戒就笨了——事實當然恰恰相反，只是亞當與夏娃悔之已晚，他們犯了罪後，才知道錯失了多麼大的福樂。

我們從創世記的記述，知道人違抗神禁令的後果：一、罪帶來了羞愧。亞當與夏娃看見自己赤身露體，就拿葉子為自己遮醜（節 7）。

如果我們一生所作的事都要在銀幕上放映，心中所想的又要揭露於人前的話，只怕我們都想鑽進地底去！我們內心深處

都為自己所曾犯過的罪萬分羞愧，只想種種醜事永沉大海！柯南道爾（Arthur Conon Doyle）曾經與十二個人（那十二個人全是有頭有臉的社會精英）開玩笑：他發了同一封電報給十二個人，寫道：「事已敗露，快逃！」那十二個人都在二十四小時內逃離了英國！我們每一個人心中都有不可告人的秘密，因此總要想方設法不讓別人窺探出來。

二、亞當、夏娃與神的關係斷絕了。他們聽見神的聲音，就躲了起來（節8）。今天很多人也在躲避神，他們想也不敢想神的事，因為他們害怕見神，就像亞當那樣（節10）。事實上，也真有一些人很害怕上教堂（或與基督徒交往）。我們教會有一對夫婦曾告訴我這樣的事：他們邀請了一個來自澳洲的欖球員到教會去，這個欖球員身裁健碩、重二百多磅，卻在前往教會途中怕得像個孩子！他們的車子駛到教會路口，那欖球員竟然怕得全身都在發抖，顫聲說：「我受不了，我好害怕，我不要去了！」這個欖球員不敢面對神，因為他與神之間有著莫大的鴻溝！亞當與夏娃也不敢面對神，所以神主動修補那段破裂了的關係——神對亞當說：「你在哪裏？」（節9）神今天仍然問世人說：「你在哪裏？」不但人與神關係出現了裂痕，人與人之間也出現了隔閡——亞當怪罪夏娃、夏娃怪罪撒但，但其實各人的罪只能歸咎於自己。我們犯罪，不能諉過於神，甚至不能諉過於魔鬼（雅各書1:13-15）。試看今天的社會：人棄絕了神，就開始彼此傷害，因此破裂的關係也隨處可見——婚姻破裂、家庭破裂、「辦公室政治」、大大小小的爭戰毆鬥。

三、我們從神判處亞當與夏娃的懲罰（節15-19），就知道

他們實在給撒但騙了，而且騙得很慘——亞當與夏娃墮進了撒但的圈套，踏上滅亡之路。

由此可見，撒但就是那欺哄人的、殺害人的、試探人的、唆擺人懷疑神的——可是撒但的作為不止於此，他還是「那控訴人的」——事實上，「撒但」的希伯來文也可以解作「控訴者」或「毀謗者」。撒但最愛在人面前說神的壞話：「都是神的錯！神靠不住呢！」撒但也喜歡在神面前控訴人（啟示錄12:10）；撒但會否認耶穌的救贖大功，也會不停的對我們說我們有罪，務要我們終日活在罪疚中（不是為了甚麼特定過犯內疚，而是一種空泛的、揮之不去的罪疚感）。聖靈也會叫人知罪，但兩者的分別是：聖靈會向我們清楚指出我們犯了甚麼罪，為要叫我們認罪悔改。

受試探與犯罪是兩碼子的事！魔鬼會在我們心思中播下一些惡念，當那些惡念在我們腦海中浮現，我們仍然可以選擇接納它還是拒絕它——如果我們接納它，就離犯罪不遠了；如果我們拒絕它，就是效法主耶穌的樣式：「他也曾凡事受過試探，像我們一樣，只是他沒有犯罪。」（希伯來書4:15）撒但也曾在耶穌心中播下惡念，但耶穌一一拒絕了那些惡念。不過話又說回來，撒但對我們的攻擊往往是連消帶打的：他散播惡念在我們心中，我們還未作出抉擇，他已開始控告我們：「看你呀！還說是基督徒呢！你剛才在想甚麼？你還是基督徒嗎？基督徒會想這樣的事嗎？」撒但只想我們對自己說：「對呀，我真不是基督徒！」或者是：「啊呀，我又做壞事了——事到如今，再做下去又何妨？」我們越陷越深，撒但惡計就得逞了。撒但

的「奪命兩招」，是「定罪」加「控告」！我們若被罪疚煎熬，就會不斷的想：「我失敗了，如今不論再做甚麼事，也沒有分別了。」於是我們會不斷錯下去，「受試探」就演變成「犯罪」。

撒但只想我們不斷失敗！撒但明白我們犯罪越多，就越受罪轄制。我們往手臂注射一劑海洛英，可能還不致上癮，但如果我們日復一日、月復一月的給自己注射海洛英，就一定會成為癮君子。如果我們不斷明知故犯一些罪，那些罪就會反過來轄制我們的生命。我們泥足深陷，至終會步上撒但為我們預備的路——就是通往滅亡的路（馬太福音 7:13）。

我們的位置

歌羅西書 1:13 說：「他〔神〕救了我們脫離黑暗的權勢，把我們遷到他愛子的國裏。」保羅說，人成為基督徒之前，都在黑暗權勢轄下：撒但管轄我們，我們的生命都是罪惡、捆綁、毀壞、死亡，這就是「黑暗權勢」的意思。

我們信了基督，就成為光明國度的子民，從黑暗權勢給遷到光明國度去了。耶穌基督是光明之君，我們也得著赦免、自由、救恩、生命，不再受制於撒但，卻屬於耶穌基督。

1992 年英國足球員加斯居尼（Paul Gascoigne）以五百五十萬英鎊轉會費從英國球隊熱刺（Tottenham Hotspur）轉效意大利球隊拉素（Lazio）。試想像加斯居尼轉會後，他從前的領隊雲拿寶斯（Terry Venables）有一天打電話給他說：「喂，幹嘛你今天早上不來練球？」加斯居尼會答道：「喏！我不是你的人了，我轉會了，你忘記了嗎？」

我們基督徒所得著的，比加斯居尼所得著的要多許多！我們從撒但的國度給轉到神的國度去，我們的新領隊是耶穌基督！如果撒但還要我們做他的工，我們只要對他說：「喏！我不是你的人了！」

撒但是耶穌的手下敗將（路加福音 10:17-20），那穌已經「把一切執政的、掌權的擄來，明顯給眾人看，就仗著十字架誇勝」（歌羅西書 2:15）。撒但和他的一眾手下都吃過敗仗，所以一聽見耶穌的名就喪膽了（使徒行傳 16:18），鬼魔也知道自己是敗軍之將。

耶穌挪去了我們的罪疚，我們不再被定罪；耶穌鬆開了我們的捆綁，我們不再受制於昔日惡習、得以重獲自由；耶穌戰勝了死亡，因此我們不用再懼怕死亡——如果連死也不怕，還有甚麼事可怕嗎？罪疚、捆綁、恐懼，都是黑暗國度的事，耶穌卻把我們遷到光明的國度去了。

十字架標誌著耶穌基督的重大勝利。我們今天的世代，不過是「肅清殘敵」的階段：雖然仇敵仍未給完全滅絕、仍會為我軍帶來死傷，可是敵軍已經宣告戰敗、也自知被打垮了——這是我們今天的所處位置：我們已站穩在耶穌基督得勝的有利地位之上！

我們的作戰裝備

正邪之戰仍未結束，撒但仍未滅絕！所以我們仍要穿戴全副軍裝。保羅吩咐我們：「要穿戴神所賜的全副軍裝，就能抵擋魔鬼的詭計。」（以弗所書 6:11）保羅提到我們必須穿戴六樣

裝備——**全副**軍裝。

一、「真理的腰帶」（節 14）。保羅所指的，可能是基督教要理，換言之，我們要竭力研讀聖經、專心聽道、閱讀好書，務要把神的真理藏在心中，就能分辨是非、識破撒但一切謊言——撒但「本來是說謊的，也是說謊之人的父」（約翰福音8:44）。

二、「公義的護心鏡」（節 14）。這「義」從神而來：藉著主耶穌在十字架上成就的大功，我們得以與神和好，活出公義的生命。我們必須抵擋魔鬼，使徒雅各說：「務要抵擋魔鬼，魔鬼就必離開你們逃跑了。你們親近神，神就必親近你們。」（雅各書4:7-8）我們每一個人都會偶爾跌倒，只是我們要快快的站起來！我們要向神切實而認真的認罪悔改（約翰一書1:9），神必與我們重修舊好——這是神的應許。

三、「平安福音的鞋」（節 15）。我認為保羅的意思是我們要隨時樂意傳揚耶穌基督的福音。溫約翰（John Wimber）常常說：「靜靜坐在一旁，很難做個好基督徒！」如果我們多點向人傳福音，就能少點遭受仇敵攻擊！如果我們努力向家人同事表明信仰，也能減少仇敵攻擊我們的機會——為甚麼？因為越多人知道我們信耶穌，我們就越有壓力要做個好基督徒——這壓力是很好的動力，驅使我們重視自己的生命素質。

四、「信心的盾牌」（節 16）。我們拿起這盾牌，就能「滅盡那惡者一切的火箭」。信心的反面，是懷疑與否定，我們看看身邊的人，就知道懷疑與否定腐蝕了多少人的生命！我聽過一個很好的說法：「信心是持定神的應許，敢於全心信靠。」撒

但會用懷疑與否定的火箭射我們,但我們舉起信心的盾牌就能抵擋他。

五、「救恩的頭盔」(節17)。劍橋大學神學榮譽教授威斯噶主教(Bishop Westcott)說過,救恩有三個「時式」:我們「已經」從罪的刑罰中給拯救出來、我們「不斷」從罪的權勢中給拯救出來、我們「將來」還要從罪的環境中給拯救出來。我們若能充份領會上述道理,就能在仇敵的質疑與指控中站立得住。

六、「聖靈的寶劍,就是神的道」(節17)。我相信保羅所指的是聖經。耶穌每逢被撒但試探,都會用聖經經文回敬撒但,撒但最後只能悻悻然離去。我們若能背誦一些聖經經文,就能用來擊退撒但,並時刻提醒自己神的應許。

怎樣進攻？

我們前面已經説過：撒但和他的手下已在十字架上被打敗，神正呼召我們每一個基督徒進行「肅清餘敵」的工作，直到主耶穌再來的日子。我們基督徒不用害怕撒但——恰恰相反，撒但倒害怕我們基督徒的事奉。

神呼召我們禱告、號召我們加入屬靈爭戰行列。「我們爭戰的兵器，本不是屬血氣的，乃是在神面前有能力，可以攻破堅固的營壘。」（哥林多後書 10:4）耶穌在世之日非常重視禱告，我們也必須重視禱告。有一首詩歌説：「撒但看見最軟弱的基督徒跪下禱告，就膽戰心驚了。」

神也號召我們行動。我們且看主耶穌的一生，「禱告與行動」可謂相輔相成：耶穌傳道、醫病、趕鬼，又差遣門徒出去做同樣的事——我們稍後會再細看當中的含義。

我們必須緊記：神的權能遠遠超過撒但！神與撒但，絕非兩股旗鼓相當的相反力量——這不是聖經的教導！神是萬有的創造主、撒但不過是受造物——還是墮落了的小小受造物！撒但已被打敗，兼且時日無多，他在主耶穌再來的日子，就要給扔進火湖裏（啟示錄 12:12）。

魯益師在《大決裂》（*The Great Divorce*）有一段關於地獄的生動描述：有一個人到了天堂，他的「師傅」帶他到處瀏覽。他跪了下來，從地上拔起一根草，不意發現地上有一道細細的裂縫，從中可以窺見地獄全景：

> 「你的意思是……地獄——那空洞無邊之地，……就在這小

小裂縫之下？」

「嗯，整個地獄其實不及你昔日地上的一塊石子大！但在這個世界（就是真正的世界），整個地獄還不及一粒原子重呢！你看見那隻蝴蝶嗎？如果那隻蝴蝶把整個地獄吞下肚裏，不但不會受傷，甚至未必會察覺呢！」

「可是，夫子啊，你也曾在地獄出現過，它不像那麼小呀。」

「就是把地獄一切的孤單、忿怒、憎恨、嫉妒、不安，統統化做一個經驗，把它放在天平的一端，另一端放上天堂裏最卑微的人所感受的剎那喜樂——地獄的一端仍然幾乎全無重量！『惡』在『善』之前會變得全然微不足道！你看見那邊枝頭上的黃雀嗎？牠就是把地獄一切的悲悽都吞了，也不會悶哼一聲呢！怎麼說呢？就像一滴墨水倒在汪洋大海裏，一息間已化得無影無蹤。」[1]

1. C. S. Lewis, *The Great Divorce* (Fount, 1973).

12

為甚麼要傳福音？怎樣傳福音？

我們為甚麼要與別人談論自己的信仰？信仰不是很私人的事嗎？最好的基督徒不就是那些把信仰藏在心中的基督徒嗎？我有時會碰到人對我說：「我認識一些很好的基督徒（通常是他們的母親或朋友），他們十分虔誠，卻從不會與別人談論他們的信仰——這不是基督教的最高境界嗎？」

最直截了當的回應是：上述的基督徒怎樣信主呢——豈不是有人把福音傳了給他們嗎？不過我們其實還有更好的理由要向人傳福音：一、這是主耶穌的吩咐。天主教神父福雷特（Tom Forrest）曾向教宗建議把 90 年代定為「福音十年」（The Decade of Evangelism）。福雷特指出，「去」這個字在聖經出現過 1,500 多次，其中 230 多處在新約聖經、50 多次在馬太福音——耶穌吩咐門徒「去」：

「往⋯⋯迷失的羊那裏去。」（10:6）

「去把所聽見的⋯⋯告訴約翰⋯⋯」（11:4）

「⋯⋯去，凡遇見的，都召來赴席。」（22:9）

「⋯⋯去，使萬民作我的門徒。」（28:19）

馬太福音記載耶穌所說的最後一段話也關乎「去」：

> 耶穌進前來，對他們說：「天上地下所有的權柄都賜給我
> 了。所以，你們要去，使萬民作我的門徒，奉父、子、聖靈
> 的名給他們施洗。凡我所吩咐你們的，都教訓他們遵守，我
> 就常與你們同在，直到世界的末了。」(28:18-20)

二、我們向人傳福音，因為世人切切需要耶穌基督的福音。
如果我們身在撒哈拉沙漠，發現了綠洲，卻不願意告訴身邊的
人（都渴得快要死了），這豈不是自私頂透的事？誰可以滿足
世人枯竭的心？唯獨耶穌基督而已。人對自己心靈的饑渴絕非
不知不覺，流行歌手仙妮奧干納（Sinead O'Connor）說過：「我
們都是心靈空洞的一族，因為靈性失喪了，已不懂得表達自己。
所以我們用酒精、藥物、性愛、金錢來填補空虛——世人都在
呼求真理。」

三、我們向人傳福音，因為福音是好消息。人但凡聽到好
消息，就自然想告訴別人。我妻子珮珀初為人母之前，給了我
一張名單，上面有十餘個名字，都是孩子出生後我必須逐一通
知的人。後來珮珀誕下一個兒子，我馬上按照名單打電話通知
親友。第一個人是珮珀的母親，我把好消息告訴她，就打電話
給第二個人（我的母親），可是不知怎的，電話總駁不通。於
是我打電話給第三個人（珮珀的姐姐），但她母親已把好消息
告訴了她——第四至第十個人也已經知道了那好消息！我母親
的電話打不通，原來是珮珀的母親佔著電話線！好消息傳播速
度之快，實在難以想像！我不用懇求珮珀的母親替我把消息傳
開——她早已急不及待！如果我們真心體會福音的好處，也會
急不及待的要傳開去。

可是應該怎樣傳福音呢？我覺得要避免兩大極端：第一大極端是不理會別人感受。我剛剛信主之時，常常犯上這毛病。還記得我信主幾天後，恰巧碰上有一個舞會，我決定要告訴每一個參加舞會的人耶穌基督在我身上作了何等奇妙的事——我想每一個人都跟從我的榜樣！於是我走進舞會舉行的地方，看見有一個朋友在跳舞，為了讓她明白她是多麼的需要耶穌，我走到她面前對她說：「你難看死了！你真的需要耶穌！」她以為我瘋了——那實在不是最有效的傳福音方法！（不過她後來真的成了基督徒——我敢肯定那絕不是我的功勞——她就是珮珀——後來做了我的妻子！）

後來我又去了另一個舞會，我決定先作好準備：我在全身各個衣袋都塞滿不同題目的小冊子，都是講論福音的小書——當然還有好幾本袖珍新約全書。我請了一個女生跳舞，可是我通身都是書，實在不容易翩翩起舞！於是我請她坐下來談，她問我的每一條問題，我都找得出一本相應的小冊子送給她——她回家的時候，一雙手都拿著書！

那女生在舞會後第二天去了法國度假，她在渡輪上閱讀我給她的其中一本書，突然想通了耶穌基督的救恩。她向同行的朋友說：「我剛剛信了主。」她後來在旅途中遭遇交通意外喪生，死的時候才二十一歲。我感恩的是，她得以及時歸信基督——不過我不相信我當年的傳福音方法是最好的方法。

如果我們行事魯莽、橫衝直撞，遲早會受傷害。受傷過後，膽子就變小了——這也是我的經驗。我信主幾年後，擺脫了第一大極端，卻踏進了另一大極端——就是恐懼。有好一段時日

（令人啼笑皆非的是，那正是我唸神學的日子），我非常害怕與非基督徒談論耶穌。有一次我們一班同學奉派到利物浦（Liverpool）的市郊傳福音，我們每一天晚上都給安排到不同的人家中吃飯，與人談論信仰。有一天晚上，輪到我和我同學魯珀特出去，對象是一對不常去教會的夫婦（準確一點說，是那妻子不常去教會，那丈夫從不去教會）。我們吃飯吃到一半，那丈夫突然問我們究竟有甚麼企圖！我支吾以對，繞著圈子胡扯著，但那丈夫不肯放過我，仍要不斷追問。後來魯珀特受不了我的怯懦，直截了當的說：「我們來這裏要跟你談論耶穌。」我立時羞得滿臉通紅，巴不得鑽進地底裏去！經此一役，我才知道自己有多害怕——我甚至開口宣講耶穌也有困難。

我們要避免上述兩大極端（不理會別人感受、太在意別人感受），就必須先明白傳福音是甚麼一回事。其實傳福音應該是我們與神相交的自然果子，我們與神同行，在聖靈協助之下，就一定可以自然而然的與人談論耶穌基督。

關乎「傳福音」這題目，我覺得有五個「P」可以作為我們

的討論指引——存在（Presence）、理據（Persuasion）、宣講
（Proclamation）、能力（Power）、禱告（Prayer）。

存在（Presence）

耶穌對門徒説：

> 你們是世上的鹽，鹽若失了味，怎能叫它再鹹呢？以後無
> 用，不過丟在外面，被人踐踏了。你們是世上的光。城造在
> 山上，是不能隱藏的；人點燈，不放在斗底下，是放在燈台
> 上，就照亮一家的人。你們的光也當這樣照在人前，叫他們
> 看見你們的好行為，便將榮耀歸給你們在天上的父。（馬太
> 福音 5:13-16）

耶穌呼召我們去影響世人（「世上的鹽」、「世上的光」），
我們若要實現主的託付，就必須活「在世上」（在工作間、在家
中），而不能僅僅活在我們的「精緻小鹽瓶教會」中（史托德
〔John Stott〕語）。可是我們活在世上，卻要「與別不同」——
神呼召我們過一種與世界截然不同的生活，才能夠作鹽作光。

神呼召我們作鹽。在雪櫃未發明之前，人用鹽來保存肉類
不致腐壞。神呼召我們作鹽，就是要我們盡力維護社會風氣不
致腐敗。我們要勇於表明神的道德標準，也要做個盡責的公民，
致力追求更完善的社會制度（講求公義、自由、尊嚴，消除一
切形式的歧視）。我們必須付諸行動，為社會的困乏人謀幸福。
有些基督徒會因此投身政治，有些基督徒會參與直接服務（像
德蘭修女〔Mother Teresa〕或潘靈卓〔Jackie Pullinger〕所作
的）——或多或少，每一個基督徒都要致力追求社會公義，並

身體力行。

主耶穌也呼召我們作光——就是從我們身上透出基督的光輝。耶穌說我們的「好行為」就是我們的「光」。我們所做的、所說的，都是我們行為的反映。甚麼是好行為？聖經總結為四個字：「愛人如己。」

我們向身邊的人傳福音的最好方法，就是把基督的生命活出來。我們的家人、同事、鄰舍，只要知道我們是基督徒，已經夠他們神經緊張的了！如果我們日夜向他們講論耶穌，也許會弄巧反拙。其實我們只要向身邊的人顯出真正的關懷與愛心，已經是最好的見證了。在工作間，我們要做個好同事，讓人看見我們言行一致、忠誠可靠、勤快謙厚、樂於助人；在家中，我們要做個好兒女、好鄰居，讓人看見我們對別人的愛是真心的，而不是說的動聽、行的討厭。

配偶若有一方仍未信主，信主一方的日常言行尤其影響深遠。使徒彼得鼓勵那些丈夫仍未信主的婦女說：「若有不信從道理的丈夫，**他們雖然不聽道**，也可以因妻子的品行被感化過來，這正是因看見你們有貞潔的品行和敬畏的心。」（彼得前書 3:1-2）

丈夫：「耶穌說過……。」

米基思（Keith Miller）是企業顧問，他在《新酒的滋味》（*The Taste of New Wine*）憶述他妻子如何信主。米基思和妻子新婚之時，曾經為一件小事爭吵不休：就是晚上誰負責倒垃圾！米基思覺得那是女人的工作，他妻子覺得那是男人的工作！米基思始終不肯退讓，寧願出錢請專人倒垃圾！他後來信了主，努力嘗試帶領妻子信主，卻總是沒有果效。他妻子覺得他已不像從前那麼愛她了，又覺得除非自己也變成像丈夫那樣的宗教狂，否則丈夫不會再接納她。

米基思苦無良策，卻忽然悟出一個道理：與其苦勸妻子信主，不如讓她看看耶穌基督在自己身上作了甚麼事：

> 我搜索枯腸，只想向妻子證明我真的改變了！我的目光不知怎的竟落在後門那個滿滿的垃圾桶之上。「哎唷！不！主啊！」我心中呻吟道。「不要叫我倒垃圾！你要我的錢——甚麼都可以，就是不要叫我倒垃圾！」可是我突然很清楚一件事：神就是要我倒垃圾！我一言不發，就走了去倒垃圾，我甚至沒有向妻子提過這件事。……我開始逼自己每天都去倒垃圾。……瑪麗終於相信我真的改變了。[1]

米基思告訴妻子：「我們結婚的時候，我沒有許諾過要改變你，我只許下諾言：要愛你一生一世。……我仍然愛你——就是現在的你。」米基思的話叫妻子放下了心頭大石，幾個禮拜後，她心甘情願的信了主，一點也不費勁。

話又說回來，作「世上的光」，不但要默默耕耘，活出基督的樣式，也要開口宣揚福音。我們的家人、同事、鄰舍，終

1.　Keith Miller, *The Taste of New Wine* (Word, UK, 1965).

有一天會問起我們的信仰（我們被身邊的人問，總好過自己主動出擊），我們必須時刻準備回答。彼得說：「有人問你們心中盼望的緣由，就要常作準備，以溫柔、敬畏的心回答各人。」（彼得前書 3:15）

我們有機會向人分享了，應該怎樣說？

理據（Persuasion）

今天很多人反對基督教信仰，他們對基督教信仰滿心存疑，如果我們想引領這些人信主，就要盡力解答他們的疑問，他們才會考慮接受耶穌基督，換言之，他們要先得著信耶穌的理據。我們看使徒保羅，他樂於以理服人，又真心愛世人，甚至把勸說人視為自己的職責：「我們既知道主是可畏的，所以**勸**人。」（哥林多後書 5:11）

保羅在帖撒羅尼迦本著聖經與人「辯論」，又「講解陳明」基督必須受害、從死裏復活。有些帖撒羅尼迦人因此「聽了勸」（使徒行傳 17:4）。保羅在哥林多時，一個禮拜有六天製造帳棚，「每逢安息日，保羅在會堂裏辯論，勸化猶太人和希臘人」（使徒行傳 18:4）。

我們與人談論基督教信仰，總會遇到一些疑問與質難，我們必須事先作好準備。耶穌有一次與一個婦人談論永生（約翰福音 4 章），婦人卻把話題轉到神學辯論去——哪裏是敬拜神的地方？耶穌沒有迴避她的問題，卻很快把話題納回正軌去。耶穌為我們作了很好的榜樣。

提出神學疑問的人，大都是真誠的尋道者。我曾碰到最多

人問的問題是：「神為甚麼容許世上有苦難？」「其他宗教都不好嗎？」這一類疑問範圍可以很廣泛，當中也有不少重大懸謎，必須認真解答。話又說回頭，有些人提出百般質難，不過想藉詞推搪，他們不想做基督徒，原因並不關乎神學、卻僅僅關乎道德——他們不想把生命的主權交出，不想改變眼前的生活方式。

還記得我的朋友魯珀特嗎？他和我奉派去利物浦傳福音，我們去了一個福音聚會，那聚會由我們兩人負責一節短講。我們講完後，一個大學講師向我們提出一大串疑問——我甚至不知道應該從哪裏著手解答他的疑問！魯珀特卻只反問一個問題：「如果我們真的能夠圓滿解答你的每一項疑問，你會成為基督徒嗎？」那講師倒老實得很：「不會。」他提出問題，純粹當作學術討論罷了，我們能否解說清楚，他根本就不大在乎！可是如果問的人是真誠的尋道者，我們傳福音的人就必須好好與他「辯論」、「講解」、「陳明」了。

宣講（Proclamation）

傳福音的精義，就是向人宣講耶穌基督的好消息、讓不信的人聽見神的救贖大計。傳福音有很多方法，其中一個最有效的方法，就是把人帶到那些擅長講解福音的人面前去（尤其如果我們剛剛信主，仍未能清楚闡述福音的話）。

很多剛剛信主的人，都有很多未去過教會的親友，他們大可以學效耶穌的樣式向親友說：「你們來看。」（約翰福音1:39）有一個妙齡少女信主不久，每一個主日黃昏都會去倫敦一家教

會聚會。她每逢週末採訪父母，並在父家度宿。她父家離倫敦頗遠，所以她在每一個主日下午三時就得出發往倫敦去。有一個主日她在前往教會途中碰上大塞車，因此錯過了晚堂崇拜，她回到家中，越想越覺得難受，不禁痛哭起來。她親友看見她的模樣，問她發生了甚麼事，她回答說：「我好想去教會啊！」說的時候禁不住又哭了。她的親友好奇不已，在下一個主日都跟了她到教會去，要看看究竟是甚麼一回事！其中一個很快就信了主。

世上最榮幸、最喜樂的事，莫過於把別人介紹給耶穌基督。前英國聖公會坎特伯雷大主教坦爾普（William Temple）跪著為約翰福音作注，他一邊寫、一邊禱告求神向他說話。他讀到約翰福音 1:42 說：「〔安得烈〕於是領〔西門〕去見耶穌。」坦爾普就此寫下一句簡短、卻擲地有聲的注釋：「這是世人能為別人所做的最偉大事。」

關於安得烈的事，我們知得不多，只知道他常常領人去見耶穌（約翰福音 6:8; 12:22），他的兄弟西門彼得，後來成為基督教的中流砥柱。我們不能每一個人都像西門彼得，卻肯定都可以像安得烈——領別人去見耶穌。

有一個年輕農人，名叫麥馬金（Albert McMakin），他在二十四歲信了耶穌。麥馬金為主大發熱心，主動用自己的大貨車把朋友載去附近的佈道大會聽福音。麥馬金很想邀請一個朋友去，但是那個人怎麼勸也不感興趣。那個人也是農村小子，卻英俊非凡，終日只顧與女孩子鬼混，怎麼看也不像會去佈道大會的人。後來麥馬金想到一個辦法——就是讓他那朋友駕駛

大貨車。他們終於到達會場，麥馬金的朋友也答應進去看一下
——豈料就此「著了迷」！那個人每一天晚上都去佈道大會聽
福音，終於在一個晚上走到講台前把自己交託耶穌基督。那個
貨車司機就是葛培理（Billy Graham），時為 1934 年。其後葛
培理帶領了不知多少人歸信耶穌基督——我們不能都像葛培理，
卻可以都像麥馬金：帶朋友去見耶穌。

　　不過我們總會有需要親自向人講解福音的時候，應該怎樣
講解？其中一個方法，就是分享自己信主的經歷。記在使徒行
傳 26:9-23 保羅的見證就是顯例。保羅的見證可以分為三部分：
一、信主前的模樣（節 9-11）；二、信主的經過（節 12-15）；
三、信主後的改變（節 19-23）。其實講解福音有很多方法，種
種方法都是為了輔助我們引領人歸信主。我自己用的方法都記
在一本名為《為甚麼信耶穌？》（Why Jesus?）的小冊子中——
如果我傳福音的對象願意信耶穌，我就用記在本書第 3 章的禱
文與他們一起禱告。

　　我最近聽到一個教會會友向我講述他的信主經過：他是個
生意人，有一段時期生意淡薄，經營十分艱難，不得不去美國
尋找客路。有一天他乘計程車去機場時，心中異常不快，突然
瞥見計程車儀表板上有一張全家福照片，不知怎的就跟司機聊
起來。他看不見司機的臉，卻從司機的談話中感受到這司機的
生命充滿愛。他們交談之際，司機忽然向他說：「我看得出你
不開心，如果你信了耶穌，就不會那樣子了。」

　　生意人告訴我說：「那個司機的話帶有權柄！我還以為自
己應該比他有權柄——因為我是付錢的人啊！」司機最後向生

意人說：「現在就是你得著解脫的時候——你願意接受耶穌基督嗎？」他們抵達機場，司機轉過頭來，生意人才第一次看見司機的臉——是那樣的祥和友善。司機說：「我們禱告吧，如果你想基督進入你生命，就求他吧。」於是他們一起禱告。生意人臨走時，司機還送了一本福音小冊子給他。計程車司機是個普通人，在生意人的生命中，不過一個過客，但他把握每一個機會向人傳講耶穌基督的好消息，從而改變別人一生。

權能（Power）

我們看新約聖經記載：人在宣講福音的同時，也常常會彰顯神的權能。耶穌來到世間宣告：「神的國近了！你們當悔改、信福音！」（馬可福音 1:21-28）耶穌宣講完了，就以行動——趕鬼（1:21-28）、醫病（1:29-34,40-45）——彰顯福音的大能。

耶穌吩咐門徒要行他所行的事——就是天國的事奉：「醫治那城裏的病人，對他們說〔福音〕：『神的國臨近你們了。』」（路加福音 10:9）我們繼續看福音書和使徒行傳，就知道門徒的確做了主耶穌所吩咐的事。保羅寫信給帖撒羅尼迦信徒說：「我們的福音傳到你們那裏，不獨在乎言語，也在乎權能……。」（帖撒羅尼迦前書 1:5）

宣講福音與彰顯權能，往往一不離二。彼得與約翰有一次上聖殿途中，碰見一個生來瘸腿的乞丐，乞丐坐在殿門向途人討錢，已有很多年了。彼得向他說：「不好意思，我沒有錢，但我可以把我有的東西給你——我奉拿撒勒人耶穌基督的名，吩咐你起來行走。」彼得拉著瘸子的手扶他起來，瘸子的腿就

有了力氣。瘸子知道自己得了醫治，歡喜得跳起來大聲讚美神（使徒行傳 3:1-10）。

圍觀的人都知道那乞丐瘸腿多年了，他們七嘴八舌的議論這事。神的權能彰顯後，彼得就開口宣講福音。群眾問：「怎會有這樣的事？」彼得就告訴他們耶穌的事：「〔正是耶穌的名，並〕他所賜的信心，叫這人在你們眾人面前全然好了。」（使徒行傳 3:16）我們在下一章，還要詳細探討醫治這課題。

禱告（Prayer）

我們已看過耶穌在世時如何重視禱告。我們從馬可福音 1:35-37 可見，耶穌在宣講福音、彰顯權能的同時，總不會忘了禱告——傳福音的人絕不可忽略禱告。

我們必須求神打開人的心眼。很多人的心眼都被弄瞎了，不能明白福音（哥林多後書 4:4），也看不見屬靈事物的實在。我們必須為他們代禱，求聖靈光照他們的心，讓他們可以明白耶穌基督的真理。

很多人信主後，都會發現有某某人曾為他們禱告多時——那可能是家人、乾爹、乾娘、親戚、朋友——我懷疑在每一個人信主之前，總有另一些人曾為那心眼被神打開而禱告。戴德生（James Hudson Taylor）是內地會（China Inland Mission）的創辦人，曾經影響無數人為主作工。他生於英國約克郡，十多歲時是個慘綠少年，反叛得不得了。有一天他母親出外遠行，姐姐也不在家，他隨手檢了一本書看——不過為了打發時間。

他走到家後面的穀倉，躺在一個角落看那本書。那本書是

基督教書，他看到其中一個片語：「基督已成就了的大功」，整個人都凝住了——他從前總覺得基督教信仰不過像無休止的還債——但他欠神的債太多了，早已打消了還債的念頭，只想過一些快活日子。可是那句片語卻像一道光照進他心靈，使他突然確定基督真的為他在十字架上死了——因此他的一切罪債都付清了。「真理進入我心，喜樂充滿我靈，聖靈光照我心思意念——我跪倒在主跟前，領受他的救贖宏恩，不斷稱謝救主——世上還有甚麼更重要的事嗎？」那是1849年6月一個下午，戴德生那一年十七歲，他所經歷的釋放、光照、重生，比起歷代先賢如馬丁路德、本仁約翰、約翰衛斯理都毫不遜色。

戴德生的母親十日後回家，戴德生早在門口等著母親回來——「我等不及要把那大好消息告訴她。」他母親把他一擁入懷，回答說：「兒子啊，我早知道了，我為你的事開心好幾天了。」戴德生錯愕不已：他母親去的地方離家八十多英里，可是就在戴德生遇見主那一天早上，他母親忽然覺得心中有很強烈的催促要為兒子禱告，因此花了好幾個鐘頭跪著禱告。她禱告完了，心中確信神已應允了她的禱告。戴德生從此不忘禱告的重要。[1]

我有一個朋友阿力信了主，他打電話給一個基督徒朋友，把好消息告訴他，他朋友回答說：「我為你禱告四年了。」阿力聽了大受感動，開始為一個未信主的朋友禱告，兩個多月後，那朋友也信了主。

我們要為朋友禱告，也要為自己禱告。我們與人談論耶穌，

1.　　J. C. Pollock, *Hudson Taylor and Maria* (Hodder & Stoughton, 1962).

難免偶爾會遭人輕蔑訕笑，以致銳氣全消。昔日使徒彼得與約翰醫好瘸子、宣講福音後，馬上被猶太公會的人抓了，又被嚴嚴的警告不可再傳福音。可是使徒沒有放棄使命，他們更向神禱告——不是求神保護，而是求神賜他們膽量傳講福音，奉靠耶穌的名多行神跡奇事（使徒行傳 4:29-31）。

我們基督徒必須努力不懈的與人談論耶穌——以我們的存在、理據、宣講、權能、禱告。如果我們堅毅不屈，忠於主的託付，或遲或早，必可看見新生命的誕生。

有一個兵士在前線受了槍傷，躺在戰壕中快要死了。他的戰友在他耳邊問他：「你還有甚麼未了的心事嗎？」

「沒有，……我快死了。」軍人答道。

「有甚麼口訊要我替你帶給甚麼人嗎？」

「嗯，請你把我這一段的話告訴某地方的某人：請你告訴他，我在臨死之前，記起了他在我小時候教導我的話，那些話叫我現在去得安心。」

「某人」原來是那兵士小時候的主日學教師。當那兵士的口訊傳到那教師耳中，那教師幽幽的說：「求神赦免我的罪！我很多年前已經放棄了教主日學——因為我總覺得自己白費功夫。」

我們向人傳福音，絕不會「白費功夫」——因為「福音是神的大能，要救一切相信的」（羅馬書 1:16）。

13

神今天還醫治人嗎？

　　幾年前，有一個日本女孩子請我和我妻子為她的背痛禱告，我們就按手在那女孩背上求神醫治她。其後我每逢遠遠看見她都會快快躲開，因為我不知道怎樣向她解釋神為甚麼仍未醫好她！可是有一次偏偏冤家路窄，我避無可避之下，只得硬著頭皮問她：「你的背痛還可以嗎？」

　　「噢，」她答道。「你為我禱告後，我的背痛完全好了。」

　　我不曉得自己為甚麼會那樣詫異——但我實在錯愕萬分。

　　溫約翰（John Wimber）曾帶一隊同工（他們來自葡萄園團契〔Vineyard Fellowship〕）到我們教會以「醫治」為題講道。他們除了公開講道，還在一天晚上會晤我們教會的領袖。我們約有六七十人聽溫約翰講論「醫治」。我們以前也聽過類似的題目，可是很快挑戰就來了——溫約翰突然宣告休會一會兒，等一下就開始「工作坊」——「工作坊」是甚麼？我們都狐疑不已。

　　下半場開始，溫約翰說他和他的隊工剛才從神領受了十幾個「知識的言語」，都是關乎我們一些人的。他又向我們解釋「知識的言語」（哥林多前書 12:8）是甚麼意思：就是一些關乎

人或事的超然知識，這些知識是人的腦袋想不出來的，卻從聖靈啟示而來——可以是（心思中的）圖象、字句、聲音，也可以是實質的感覺。溫約翰講解完「知識的言語」，就把剛才提及的十幾個「知識的言語」說出來，並邀請相關的人站出來領受他們禱告。我們當中很多人都滿腹疑懼——我肯定是其中之一。

溫約翰隊工所說的病況非常詳細（我還記得其中一個是：「有一個男的，他在十四歲那一年劈柴時弄傷了背。」）。我們一個接著一個的作出回應，疑懼也漸漸消除了——每一個「知識的言語」都有人作出回應。後來有一個隊工宣告我們當中有人不育，並邀請這個人站出來——我們都知道我們領袖當中沒有這樣的事，不料在眾人疑惑之際，一個年輕姊妹站了出來，原來她是不育的，只是沒有人知道罷了。那個姊妹領受了禱告，九個月後，誕下第一個兒子，也就是後來五兄弟姊妹的大哥！

我們二十世紀的基督徒，都對「醫治」這題目疑懼不已，從前的我也不例外。那一次研討會後，我下定決心重溫了聖經中關乎醫治的經文。我越鑽研下去，越確定神在今天仍會施放醫治大能——當然神也會藉著醫生、護士、醫療人員的手醫治人。

聖經中的醫治

舊約聖經有好幾段經文記下了神的應許：神的子民若遵從神的誡命，必可身心健康，患病的也會得醫治（例：出埃及記23:25-26；申命記28章；詩篇41篇）。事實上，神明明的宣告：

「我耶和華是醫治你的〔神〕。」（出埃及記 15:26）舊約聖經也記載了不少神醫治人的實例（例：列王記上 13:6；列王記下 4:8-37；以賽亞書 38 章）。

其中一個顯例是乃縵得醫治。乃縵是亞蘭王的軍事統帥，不幸染了大痲瘋。他向以色列的先知以利沙尋求醫治，以利沙卻吩咐他去約旦河洗身七遍，乃縵雖然不願意，最後還是照做了。列王記下 5:14 記道：「乃縵……的肉復原，好像小孩子的肉，他就潔淨了。」乃縵得醫治後，知道唯有以色列的神是真神，他後來要送厚禮給以利沙，以利沙拒不接受（可惜以利沙的僕人基哈西卻起了貪念，偷偷跑去騙取乃縵的禮物）。從這一段聖經我們可以得著兩項教訓：一、人得著神醫治，不但恢復健康，也得以與神復和，一生歷史就此改寫；二、神醫治人，是神對人的厚賜，神的僕人決不可從中取利。

舊約聖經所記的，不過是「後來事物的影兒」。隨著耶穌完成救贖大功，神的國度已經降臨人間、聖靈已經澆灌全地，我們因此可以肯定的說：神的醫治只會增多、不會減少。

馬可福音記載耶穌第一段話是：「日期滿了，神的國近了！你們當悔改，信福音！」（1:15）耶穌在世事奉的核心信息關乎神的國。在福音書「神的國」、「天國」這兩個詞語共出現超過 80 次（按：「天國」是馬太福音的特有用語，其實「天國」與「神的國」意思相通——猶太人為了避諱不直呼神的名號，往往用「天」代表「神」，馬太福音的寫作對象是猶太人，因此用語與馬可福音、路加福音有別）。

「國」的希臘原文 basileia 是從亞蘭文 malkuth 翻譯而來，

而 *malkuth* 極有可能是昔日耶穌在講道時選用的字（耶穌在世說得最多的方言是亞蘭語）。「國」不僅指「管治範圍」、「領土幅員」，也指「行使主權」，所以「神的國」也有「神行使主權與治權」的意思。

在耶穌教訓中，「神的國」似乎是將要來的事，換言之，那些事只會在將來某一特定時刻（「世界的末了」〔馬太福音13:49〕）才會實現。耶穌的其中一個天國比喻是：在世界的末了，「人子要……把一切叫人跌倒的和作惡的從他國裏挑出來，……那時義人在他們父的國裏要發出光來，像太陽一樣」（馬太福音5:24-43）。在世界的末了，耶穌會再次降臨世間——耶穌第一次降臨，是卑微的來，他第二次降臨，卻「大有能力、大有榮耀」的來（馬太福音24:30）。

耶穌基督榮耀再來之日，是人類歷史的高峰、也是人類歷史的終局（馬太福音25:31）。縱觀整部新約聖經，共有三百多處提及基督再來的事：當基督再來之日，全人類都要看見、死人都要復活、萬族萬代都要接受審判——不接受福音的，要受刑罰永遠沉淪（帖撒羅尼迦後書1:8-9）；接受福音的，要承受神的產業（馬太福音25:34）。新天新地要從天而降（彼得後書3:13；啟示錄21:1）；耶穌要居住其中（啟示錄21:22-23）；凡愛主、遵從主誡命的，要與主同住；新天新地是我們將來永享福樂的地方（哥林多前書2:9）；我們會有永不朽壞的榮耀身體（哥林多前書15:42-43）；地上「不再有死亡，也不再有悲哀、哭號、疼痛」（啟示錄21:4）。

不過耶穌所說的「神的國」，不但關乎將來，也關乎現在

——那將要來的國度，已在今世顯出了眉目。耶穌對法利賽人說：「神的國就在你們中間。」（路加福音17:20-21）耶穌在「藏寶與尋珠」的比喻中，把天國比作今世可尋見並經驗的珍寶（馬太福音13:44-46）。福音書也多次表明：耶穌看自己的事奉，是舊約聖經應許的實現——耶穌曾在拿撒勒的會堂誦讀以賽亞書61:1-2，然後說：「今天這經應驗在你們耳中了。」（路加福音4:21）耶穌一生的事奉，也展示了「天國在今世」的實在：罪得赦免、病得醫治、惡事消弭。

　　神的國不但是現在的事、也是未來的事。猶太人向來相信彌賽亞的來臨，標誌著一個全新國度的出現，如下圖所示：

今世　　　　　　　　　　　　　　　　　　　　　　　　來世

　　耶穌的教訓作出了一點修正，如下圖所示：

今天我們身處兩個「世代」之間。「來世」已經闖進人類歷史——舊「世代」仍在，可是新「世代」的權勢已介入了「今世」，換言之，神的國度已成為人類歷史的一部分。耶穌不單單宣講神國的道理，更以行動（醫病、趕鬼、叫死人復活）印證神的國降臨人間。

福音書有四分一篇幅記述醫治的事。耶穌雖然沒有醫治所有病人，但醫治了的人實在為數不少（例：馬太福音 4:23; 9:35；馬可福音 6:56；路加福音 4:40; 6:19; 9:11）。醫治可說是天國事工的組成部分。

耶穌不但醫治人，也差遣門徒出去醫治人。馬太福音詳細記述耶穌差派十二使徒出去服事人。馬太福音 4:23 記道：「耶穌走遍加利利，在各會堂裏教訓人，傳天國的福音，醫治百姓各樣的病症。」5-7 章記述耶穌教訓（就是著名的「登山寶訓」），8-9 章記下九個神跡（不少是醫治的神跡），然後在 9:35 有一段與 4:23 幾乎相同的話：「耶穌走遍各城各鄉，在會堂裏教訓人，宣講天國的福音，又醫治各樣的病症。」馬太福音這兩段幾乎相同的描述，在文學上稱為「相容句式」（inclusio），用作標誌獨立完整段落的起首與結尾（就像引號的用法）。馬太福音接著記述耶穌差遣十二使徒出去做同樣的事奉——宣講福音：「天國近了！」，又要「醫治病人，叫死人復活，叫長大痲瘋的潔淨，把鬼趕出去」（10:8）。

耶穌不但差遣十二使徒出去服事，後來也差遣七十門徒出去「醫治城裏的病人，對他們說：『神的國臨近你們了。』」（路加福音 10:9）七十門徒事奉歸來，歡歡喜喜的說：「主啊，因你的名，就是鬼也服了我們。」（節 17）

耶穌的差遣，其實不限於十二使徒與七十門徒——他願意**所有門徒**都投身同樣的服事。耶穌吩咐門徒的話是：「你們要去使萬民做我的門徒，奉父、子、聖靈的名給他們施洗，**凡我所吩咐你們的**，都教訓他們遵守……。」(馬太福音28:18-20)耶穌沒有說：「……，凡我所吩咐你們的——除了醫治的事奉之外，……。」我們在馬可福音 16:15-20（按：馬可福音 16:9-20 的話在現存最可靠的古卷中並不存在，但無論如何，這段記載至少反映了初期教會對主耶穌「大使命」的領會）也讀到類似的話：「〔耶穌〕對他們說：『你們往普天下去傳福音給萬民聽。……**信的人**必有神跡隨著他們：就是奉我的名趕鬼，……手按病人，病人就必好了。』門徒出去，到處宣傳福音，主和他們同工，用神跡隨著，證實所傳的道。」「信的人」就是「信耶穌的人」，換言之，是所有基督徒。

約翰福音也有類似記載——耶穌對門徒說：「我所做的事〔神跡〕，信我的人也要做，並且要做比這更大的事，因為我往父那裏去。」(14:12) 自從耶穌復活升天歸回父神身邊，可能沒有任何一個神跡比耶穌在世時所行的更大，但肯定的是，若把基督徒所行的神跡都加起來，就必然比耶穌昔日所行的多許多。

其實主耶穌不曾停止過行神跡，只是他復活升天後，定意使用軟弱而不完全的器具來繼續行神跡罷了——甚麼是「軟弱而不完全的器具」？就是「信他的人」，換言之，是你、也是我！耶穌的吩咐與應許不受限於時空、也不單為一小撮人頒下。

耶穌醫治患病的人，他吩咐門徒繼續他的事奉，門徒也遵從了。我們看使徒行傳，就知道門徒除了傳福音、教訓人，也醫治疾病、起死回生、驅逐鬼魔（3:1-10; 4:12; 5:12-16; 8:5-13;

9:32-43; 14:3,8-10; 19:11-12; 20:9-12; 28:8-9）。我們看哥林多前書12-14章，就知道保羅從沒有教訓人說：耶穌賜下的事奉權柄只限於使徒！希伯來書作者說神「用神跡奇事和百般的異能、並聖靈的恩賜」為主耶穌的救恩作見證（2:4）。

聖經從沒有教訓人說：醫治僅限於某時某地！恰恰相反，醫治是天國降臨人間的標記——就是那由主耶穌親手開創，延綿而今的天國！因此我們可以肯定一事：神在今天仍會藉著基督徒行醫治的神跡，醫治是天國事奉的一環。

教會歷史中的醫治實例

弗露斯(Evelyn Frost)曾詳細審閱早期教父的著述(譬如：殉道者猶斯丁〔Justin Martyr〕、提亞非羅〔Theophilus〕、愛任紐〔Irenaeus〕、特土良〔Tertullian〕、奧利金〔Origen〕)，寫成《基督教醫治紀實》(Christian Healing)。弗露斯的結論是：醫治是早期教會的日常事奉。

一代神學家愛任紐（約主後130-200年）寫道：

> 主耶穌的真門徒（就是嘗過主恩滋味的人）的確按照各人從主領受的恩賜行神跡，他們這樣做，是為了造福世人。有些門徒會從人身上趕出鬼魔，那些得釋放且潔淨了的人，往往因此歸信基督並加入教會；有些門徒能預知未來，他們看見異象，又會發出預言；有些門徒有醫治的恩賜，他們手按病人，病人就好了，甚至有死人復活的事！那些復活了的人，在我們當中已有多年了。[1]

---

1. Irenaeus, *Against Heresies*, II Ch XXXII.

另一位早期教會神學家奧利金（約主後 185-254 年）論到基督徒說：「他們趕出邪靈、醫治病人、預知將來的事。……耶穌的名……可以除去疾病。」

兩百年後，基督徒仍深信神願意醫治疾病。奧古斯丁（主後 354-430 年）是公認早期教會最偉大的神學家，他在《上帝之城》（*The City of God*）寫道：「**就在今天**，人奉基督的名求神跡，也可以得著。」他又舉了幾個實例：一個他在米蘭碰見的瞎子恢復了視力；還有他一個朋友——他朋友的直腸生滿了瘻管，已經動過一次其痛無比的手術，卻仍未完全根除病患，不得不再動手術。醫生認定他的病況已是九死一生！奧古斯丁和幾個信徒為他禱告，在禱告之際，他朋友的身體突然升起來，然後給扔到地上去，他全身都在劇烈抖動，呻吟哭號不已。動手術的日子到了，「大夫到來，……亮出冷森森的手術刀，……助手把要動手術的部位露出來，大夫……手拿著刀，努力搜索病人的瘻管所在。大夫睜大眼睛尋找、用手探索、用盡一切可行的方法，就是找不著一條瘻管！……我實在不曉得怎樣形容眾人當時的喜樂與感激之情：人人流著眼淚、高聲讚頌那滿有恩慈的全能上帝。此情此景，實非筆墨所能形容！」

奧古斯丁又提到一位敬虔的尊貴婦人，她的胸部生了腫瘤，醫生已是束手無策。她後來蒙神醫治，醫生訝異不已。其後婦人告訴一個醫生，是耶穌醫好她的病，那醫生氣沖沖的說：「啐！我還以為有甚麼驚人發現呢！」婦人見醫生一派不以為然的模樣，激動的回敬他說：「耶穌基督曾經叫一個死去四日的人復活——他挪去我的腫瘤，是甚麼難事嗎？」

奧古斯丁還提到一個患了痛風症的醫生，他在受洗之際得了醫治；另一個年老喜劇演員，他的全身癱瘓了，兼患疝氣，也在受洗之際得了醫治。奧古斯丁耳聞目睹的醫治實例太多了，他在《上帝之城》有這麼一段話：「我如何是好？我必須盡快寫完這本書，已不能再記下我所知的其餘神跡了，……本書所記的，不過是眾多神跡的一小部分，我相信神在以後還要不斷施行奇事。」

我們查看教會歷史，就知道神醫治人的事例從來沒有間斷。

英國唯理論者歷史學家吉本（Edward Gibbons），在他的驚世巨著《羅馬帝國衰亡史》（*The History of the Decline and Fall of the Roman Empire*）列出基督教迅猛發展的五大原因，其中一項是：「初期教會的神奇權能」。吉本說：「基督教會自從使徒時代以來，一直宣稱擁有行神跡、講方言、見異象、說預言、醫病趕鬼、起死回生的能力。」吉本接著指出，在他身處的世代，「即使最虔誠的基督教徒，也隱隱（甚至已是不知不覺）懷疑神跡奇事的實在……。」與初期教會相比，吉本當世的教會「已不再熱切相信神跡。人早已習慣尊崇自然規律，並視之為金科玉律。我們的理性與想像，已容不下神明的破格作為」。吉本的話，放諸二十世紀的今天也似乎不為過。

當代醫治實例

神在今時今日仍會醫治疾病！我見過聽過的奇妙醫治實例太多了，實在不曉得應該舉出哪些實例！我在下面且以一個近日在我教會受洗（並領受堅信）的弟兄為例。這弟兄名叫戈阿

傑（Ajay Gohill），生於非洲肯尼亞（Kenya），1971 年移居英國。阿傑從小信奉印度教，移民後在家族經營的報刊商舖幹活。他在二十一歲那一年患了嚴重的慢性皮膚病（erythrodermic psoriasis），體重從 160 磅驟跌到 105 磅。

　　阿傑曾往世界各地訪尋名醫——美國、德國、瑞士、以色列、英國倫敦哈萊街（Harley Street）——他花了近八成財產在醫藥費上，卻是藥石無靈。他服用的藥大都藥性猛烈，以致肝臟受損，但病情依然不斷惡化，從頭頂到腳趾，沒有一處皮膚不生癬。他後來不得不停止工作，減少社交生活，朋友一個又一個的疏遠他，後來甚至妻子兒子都離他而去，令他萌起輕生之念。1987 年 8 月 20 日，他給送進聖多馬醫院，住院七個多禮拜期間，接受過各種治療。10 月 14 日他躺在床上痛苦不堪，只想死掉算了，他在悲傷之中向天喊道：「神啊，如果你真的在那裏，就讓我死掉吧——如果我做了甚麼錯事，請你赦免我，我知錯了。」阿傑說他禱告之際，「覺得有人〔神〕聽了他的禱告」。他不經意的打開儲物櫃，發覺有一本聖經，他隨手翻開看，是詩篇 38 篇：

> 耶和華啊，求你不要在怒中責備我，不要在烈怒中懲罰我，因為你的箭射入我身，你的手壓住我。因你的惱怒，我的肉無一完全；因我的罪過，我的骨頭也不安寧。我的罪孽高過我的頭，如同重擔叫我擔當不起。因我的愚昧，我的傷發臭流膿。我疼痛，大大拳曲，終日哀痛。我滿腰是火，我的肉無一完全。我被壓傷，身體疲倦，因心裏不安，我就唉哼。主啊，我的心願都在你面前；我的歎息不向你隱瞞。我心跳動，我力衰微，連我眼中的光也沒有了。我的良朋密

友，因我的災病都躲在旁邊站著；我的親戚本家也遠遠地站
立。……耶和華啊，求你不要撇棄我！我的神啊，求你不要
遠離我！拯救我的主啊，求你快快幫助我！（1-11, 21-22）

每一節經文都讀進阿傑的心坎裏！阿傑切切的求神醫治他，
禱告過後，就昏昏睡著了。阿傑第二天清晨醒來張開眼睛，一
切彷彿都更新了。他走進浴室，躺在浴缸裏面舒展手腳，不意
間望了浴缸水一眼，整個人都嚇呆了——他看見自己的皮膚漂
了起來浮在水面！他連忙呼喚護士，大聲說神醫治了他——阿
傑的新皮膚就像嬰兒一般光滑，他的病完全好了！後來阿傑更
與兒子重聚天倫——對他來說，內心的醫治，比身體的醫治更
叫他刻骨銘心，他說：「我現在每一天都為主耶穌活，我是他
的僕人。」

神是醫治疾病的神。在希臘文「我拯救」一詞，也可解作
「我醫治」。神不僅看重我們有否得救，更願意我們整個人得以
完全。我們今生的身體會朽壞，可是在將來的日子，神要賜我
們新而完全的身體——神今天在一些人身上施行的奇跡醫治，
不過讓我們稍稍窺看一下「身體完全得贖」的光景如何（羅馬
書8:23）。

話又說回來，並非每一個我們按手禱告的病人，都一定會
康復過來。按著定命，人人都有一死，我們有時要協助人勇敢
面對死亡，而不是想也不想就求神醫治——在這事上，我們必
須察看聖靈的指引。

無論如何，我們要學習為人禱告求醫治。我們為人禱告越
多，就越多目睹神的醫治。就算接受禱告的人沒有蒙神醫治，
只要我們的禱告帶著真誠、愛心、智慧，仍可以把神的福氣帶

給病人。在我唸神學的日子，有一次一班同學為一個同學禱告，那同學背痛得厲害，我們禱告過後，神沒有即時醫治他，可是他後來對我說：「我唸神學以來，那是我第一次覺得有人關心我。」前一陣子有一個我曾經替他禱告求醫治的人對我說：他雖沒有蒙神醫治，卻實實在在的經歷了聖靈，一生從此改觀。

神會賜予一些人特殊的醫治恩賜（哥林多前書 12:9），今日世界各地都有這樣的基督徒——可是這不等於那些基督徒要包辦一切醫治職事，因為主耶穌差遣每一個基督徒出去服事（包括醫治疾病）！我們並非每一個人都有特殊的佈道恩賜，但每一個人都必須向人傳福音，同樣道理，我們每一個人也要為病人禱告求神醫治。

我們怎樣為人禱告求神醫治？首要緊記的是：醫治疾病的是神、不是我們！因此為人代禱其實沒有甚麼特殊方法可言，最要緊的，是我們要真心愛人、要說話簡潔。主耶穌服事人是出於憐憫（馬可福音 1:41；馬太福音 9:36）。我們若真心愛人，自然就會懂得關懷人、尊重人。我們若相信是神（不是我們）醫治人，自然不用長篇大論，因為帶來醫治的是神的權能、不是我們的華麗禱文。

以下是一些基本指引：

哪裏患病？

我們要問接受禱告的人哪裏不舒服，又要問他們想我們怎樣為他禱告。

為甚麼會患病？

如果一個人在車禍中折斷了腿，他不舒服的理由當然顯而

易見！可是有的時候我們可能要求問神：接受禱告的人，是否有別的患病原因。我們教會有一個婦人患背痛，影響了左面髖骨節，以致睡眠、行動、工作都有障礙。醫生給她開了一些關節炎藥。有一次晚堂聚會，婦人要求別人為她禱告，為她禱告的是個女孩子。女孩子禱告之際，腦海中忽然出現了兩個字：「饒恕。」婦人明白那是甚麼意思——有一個人煩擾她多年了，她一直未能真心饒恕那人。婦人掙扎了好一會兒，終於下定決心要饒恕那人，她的背痛立時好了一點。她後來寫了一封信給那人，在寄出的一刻，神就完全醫治了她。

怎樣為人禱告？

新約聖經提過不同的代禱方式，種種方式其實都不是甚麼複雜事：我們可以奉主耶穌的名求神醫治疾病，並求聖靈降臨在接受禱告的人身上。除了禱告，我們還可以替病者抹油（雅各書 5:14），更通常的做法，是按手在病者身上（路加福音 4:40）。

接受禱告的人有甚麼感覺？

我們為人禱告完了，就要問那人有甚麼感覺。有時候接受禱告的人可能沒有甚麼特別感覺，我們就要再為他們禱告。有些人會覺得自己得了醫治——我們只好等著瞧！也有一些人會覺得舒服多了，卻仍未完全得醫治，我們也要再為他們禱告，就像耶穌曾為一個瞎眼的人禱告那樣（馬可福音 8:22-25）——那麼，我們要禱告到甚麼地步才可以停呢？要直到我們覺得要停為止。

然後怎麼辦？

　　我們為人禱告完了，無論接受禱告的人有否即時得醫治，我們首要做的是讓他們確信神愛他們，而且教會的大門會永遠為他們打開——他們日後還可以回來接受禱告。我們絕不可諉過於人，譬如說接受服事的人缺乏信心，所以不獲醫治！我們教會常常鼓勵會友要不斷為人禱告，並把醫治看為教會的集體事奉。我們教會的經驗是：醫治往往是一個過程，所以教會的長期支援十分重要。

　　此外，我們為人禱告，必須持之以恆。很多人看不見即時果效就灰心了，甚至就此放棄。我們必須緊記：我們為甚麼要堅持為人禱告？因為這是主耶穌的吩咐：傳福音給萬民聽、以天國的權能（醫治是其中之一）印證所傳的道。只要我們堅持不息，終有一天會親眼看見神醫治人。

　　曾經有人邀請我去醫院探訪一個病人家屬——她是病人的母親，年約三十，有三個孩子，還懷有身孕。她幾個孩子都是她同居男友的，可是同居男友已拋棄了她。她的小兒子患有唐氏綜合徵（Down's Syndrome），後來又發現有先天性心漏，必須進行手術——可惜手術不成功，醫生曾三次要求病人母親准許院方終止治療，結束孩子的生命（孩子當時只靠機器維持心肺功能），只是孩子的母親總不答允，因為她還想試最後一個方法——找人為孩子的病禱告。我就是這樣的給人找了去為孩子禱告。

　　孩子的母親倒很坦白，她一見我就告訴我她不信神，才帶我去見她的孩子。我看見孩子通身插滿管子，傷痕纍纍的模樣。

孩子的母親告訴我，醫生曾經說過，孩子即使可以保住性命，大腦功能也必損毀，因為孩子的心跳停了好一段時間。孩子母親望著我說：「你還要為他禱告嗎？」我就奉主耶穌的名求神醫治孩子。我禱告完了，又向孩子的母親講解福音，她結果當場信了主。我禱告完就走了，兩天後回到醫院去，孩子的母親遠遠看見我，就跑來向我說：「我找你好久了——奇妙的事發生了！你替阿克（阿克是孩子的名字）禱告過後，他的病情突然好轉過來！」阿克在幾天後出院了。其後我嘗試聯絡阿克的母親，但一直不得要領（我沒有她的住址，不過她偶爾會留下口訊在我的電話錄音機）。

好幾個月後，我在另一家醫院的升降機裏面碰見一對母子，十分面熟的，那母親問我說：「你是不是力克？」我說：「是。」她指著兒子說：「他就是你曾經禱告求神醫治的阿克！你知道多奇妙嗎？他不但保住了命，後來聽覺也好多了！他仍然有唐氏綜合徵，可是情況好多了。」

其後我曾替阿克母親的親戚主持過喪禮兩次，每一次都有不少未信的人走來問我說：「你就是那個為阿克禱告的人嗎？」他們都相信神醫治了阿克——因為每一個人都知道阿克當時實在危在旦夕。此外，阿克母親的改變也叫每一個認識她的人訝異不已——她彷彿脫胎換骨，後來甚至定意要與阿克的父親（就是她從前的同居男友）復合，阿克的父親看見她生命的改變也感動不已，很快他們就結了婚。

阿克的母親常對親友說：「我從前不信神，現在相信了。」她的姨丈姨母不久前跑到我的教會來，坐在前排的座位聽道，後來更信了主。他們信主，因為親眼見過神的醫治大能。

14

教會是甚麼？

前美國總統林肯（Abraham Lincoln）說過：「如果教堂允許所有在星期天早上打盹兒的教徒好好躺直身子，……大家就舒服得多了！」硬梆梆的長椅、難捉摸的曲調、死板板的肅穆、難忍耐的憋悶——這就是很多人對基督教主日崇拜的印象！似乎教堂信眾肯咬緊牙關苦撐下去，不過為了快快完成「崇拜」，然後吃一頓豐富午飯！從前有一位牧師帶領一個小孩子在教堂四處參觀，他們來到教堂外的墓地，牧師說：「這裏埋葬的都是在兩次世界大戰中為國捐軀的軍人（those who died in the Services）（譯注：those who died in the Services 也可解作「在主日崇拜當中暴斃的人」）。」小孩子會錯了意，問牧師說：「他們是在早堂崇拜死的，還是在晚堂崇拜死的？」

　　有人一聽見「教會」兩個字，馬上聯想到「聖職」，因此「加入教會」等於「全職事奉」。很多人對聖職有一個錯誤觀念——就是覺得甚麼事都做不來的人，才會投身「聖職」！我曾在一份基督教刊物看見一則招聘廣告說：「你是否年過四十、一事無成？何不考慮投身教會事奉？」又有人認為「聖職」是：禮拜一到禮拜六叫人找不著腳蹤，禮拜天叫人摸不著頭腦！

　　又有人把「教會」看為「宗派」——聖公會、天主教、浸信會、循道會等等；更有人把「教會」看為「教會建築物」，他們滿以為神職人員必然對教會建築藝術感興趣！他們每逢出外旅遊，遇見甚麼教會建築物明信片，就一定會買下來寄給自己的牧師！我聽過一位牧師曾在聚會中向會眾發出呼籲：請大家不要再寄教會建築物明信片給他，因為他對教會建築藝術一點不感興趣！

　　也有人把「上教堂」看為一年一度必須償還的人情債——就像每年必須探訪鄉間的遠房親戚，或應承了每年為村民遊樂會烘製義賣蛋糕一樣！有一首歌謠說：

> 所以嘛，如果我沒啥事好做，
> 就會去教堂走一趟。
> 免得日後給人家抬進去時，
> 神會問我：「你是誰啊？」

　　上述看法也並非全無因由——值得慶幸的是：今日很多基督徒都在致力洗擦上述教會「形象」，因為那些形象實在與新約聖經所描述的教會大異其趣！時下不少教會都經歷了更新，

成為溫情洋溢、積極進取、服事眾人的基督徒大家庭——換言之，比較接近聖經所描述的教會！其實在新約聖經中我們可以發現超過一百個關乎教會的表義象徵與類比，不過在本章我們只集中看五個意象。

神的子民

教會的組成元素是人。「教會」的希臘文 *ekklesia* 意思是「集會」或「會眾」。「教會」在新約聖經可解作「普世教會」，換言之，組成元素是全世界以耶穌基督為主的人（以弗所書 3:10,21; 5:23,25,27,29,32）。

洗禮是歸入教會的外在標記，也清楚表明「成為基督徒」是甚麼一回事。洗禮表明罪得潔淨（哥林多前書 6:11）、與基督同死、同復活、得新生（羅馬書 6:3-5；歌羅西書 2:12），也表明聖靈為信徒帶來活水（哥林多前書 12:13）。耶穌曾經親自吩咐門徒出去，使萬民作他的門徒，奉父、子、聖靈的名為人施洗（馬太福音 28:19）。

普世教會的人數十分驚人。根據《大英百科全書》（*Encyclopaedia Britannica*）資料，全世界基督教徒人數共有 17 億，分佈 254 個國家，約佔世界人口三分之一。今天有不少教會身處極權國家之中，會眾備受逼迫，甚至不可以公開聚集。不過根據各方消息顯示，這些教會反而熱心愛主，堅定不屈。在第三世界，教會增長尤其迅猛——以非洲國家肯尼亞（Kenya）為例，有人估計全國有八成人口是基督徒！相反在歐美等地，教會日走下坡——根據《全英基督教手冊》《*The British Chris-*

tian Handbook) 資料，英國教會單單在 1980 年代頭五年內，流失會友人數接近五十萬。西方世界昔日差遣過無數宣教士往第三世界去傳教，可是以我記憶所及，我在劍橋大學的日子，就曾見過三位來自烏干達（Uganda）的宣教士奉派到英國來宣教——過去一百五十年間，世界起了多大的變化！哀哉！今日英國竟然也像世界其他地方一樣，需要外國宣教士前來傳教！

保羅在新約聖經曾多次提及「地方教會」，譬如：「加拉太的眾教會」（哥林多前書 16:1）、「亞西亞的眾教會」（哥林多前書 16:19）、「基督的眾教會」（羅馬書 16:16）。不過在地方教會之內，似乎還有更小的單元——那些單元似乎以家庭為基地（羅馬書 16:5；哥林多前書 16:9）。

我們又似乎可以從新約聖經發現初期教會的三種聚會形式：大聚會、中聚會、小聚會。一些教會增長學家把這「三層結構」分別稱為慶典、集會、細胞，三者同樣重要，互補不足。

「慶典」是基督徒的「大聚會」。對大教會來說，可能就是每個主日的崇拜，對小教會來說，可能就是定期聯同其他小教會一起崇拜。在舊約時代，神的子民有守節的習慣，他們在逾越節、五旬節、新年等等日子，都有大型慶祝活動。對今日基督徒來說，大聚會的敬拜氛圍一方面可以向我們展示神的尊榮可畏，另一方面也可以提醒我們：我們實在絕不孤單。再者，大聚會是基督教群體的公開見證，讓世人看見教會的實在。不過話又說回來，教會不能單有大聚會，因為大聚會不是基督徒相交的最好場合。

「集會」是「中聚會」。集會的規模大小不一，但是當中的

會眾大都可以互相認識，並發展有意義有深度的交往。集會也是信眾行使聖靈恩賜、彼此服事的地方。我們會覺得自己身處一個滿有關懷接納的環境之中，因此可以大膽嘗試行使聖靈恩賜而不怕出錯或出醜。在我的教會每逢禮拜三都有「集會」，聚會人數由 12 人至 80 人不等。參加集會的人可以學習講道、帶領敬拜、為病人禱告、說預言、開聲禱告，並其他各種事奉。

「細胞」是「小聚會」——我們教會稱之為「小組」，由 2 人至 12 人組成，定期聚集讀經禱告。小組是建立深厚情誼的地方，它有三大特徵：一、守口如瓶（可以暢所欲言而不用擔心被人說閒話）；二、推心置腹（分享日常生活大小事）；三、切磋互勉（願意彼此聆聽、互相學習）。

神的家

我們信了基督、以耶穌做救主，就成為神的兒女（約翰福音 1:12）——這是基督徒合一的基礎。我們有神為父、耶穌基督為救主、聖靈居於心中，就成了一個大家庭。大家庭中弟兄姊妹或有爭執（甚至鬧翻）的時候，但應該不致損及手足情誼——我相信教會無論看起來怎樣不和，始終是一個整體。

我這樣說，不代表我們可以安於現狀！耶穌為門徒求父神「叫他們合而為一」（約翰福音 17:11）。保羅也勸基督徒要「竭力保守聖靈所賜合而為一的心」（以弗所書 4:3）。不和的家庭必須尋求復和之道；同理，不和的教會也必須尋求復和之道！不可見的神可以道成肉身，不可見的「合一」當然也可以化為可見的行動！當然我們不可單單為了追求合一而罔顧真理，但

正如中世紀學者梅登斯（Rupertus Meldenius）說過：「在骨幹問題上要合一；在枝節問題上要寬容；在一切事情上要以愛相待。」

我們必須在各個層面上追求合一，不論是慶典、是集會、是小組、是宗派之內、是宗派之間——不同宗派的神學家與教會領袖必須拋開成見，竭力尋找彼此的神學共通點。不過更有效的復和之道，是讓不同宗派的基督徒聚首一堂，一起敬拜神、服事人！我們越能夠一起親近基督，就越能夠彼此靠近。沃森（David Watson）打了一個很好的比方：

> 我們乘飛機升空，回頭望向地下，就會發現那些在地面看似高不見頂的圍牆都消失了。同樣道理，當聖靈的大能把我們都托起，讓我們一起感受耶穌的實在時，人際之間的隔閡就消失了。如果我們與基督一同在天上坐席——地上基督徒之間的差異，豈非微不足道？[1]

我們既有同一位父，大家就是弟兄姊妹！神呼召我們彼此相愛。使徒約翰說得很清楚：

> 人若說「我愛神」，卻恨他的弟兄，就是說謊話的；不愛他所看見的弟兄，就不能愛沒有看見的神。愛神的，也當愛弟兄，這是我們從神所受的命令。凡信耶穌是基督的，都是從神而生，凡愛生他之神的，也必愛從神生的。（約翰一書4:20-5:1）

天主教教宗的告解神父肯塔拉梅薩（Raniero Cantalamessa）曾向上千個來自不同宗派的基督徒說：「基督徒若爭吵不休，

---

1. David Watson, *I Believe in the Church* (Hodder & Stoughton, 1978).

無異於對天主說：『天主啊，你愛我們——還是愛他們？』可是天父愛**每一個**兒女！我們要向天主說：『天主啊，凡你收納為兒女的，都是我的弟兄姊妹。』」

神呼召我們與他相交、也要彼此相交。「相交」的希臘原文 koinonia 可解作「共有」、「分享」，也可用作形容婚姻（人際之間最親密的關係）。我們與神相交（父、子、聖靈——約翰一書 1:3；哥林多後書 13:14），也與弟兄姊妹相交（約翰一書 1:7），這關係跨越種族、膚色、教養、出身、階級——事實上，我在教會裏面所體驗肢體關係的深度與廣度，是我在教會外面任何群體不曾見過的。

約翰衛斯理（John Wesley）說過：「新約聖經的信仰絕不是孤行己見的信仰。」神呼召我們彼此相交——不關乎個人喜好！有兩件事是人不能單獨做的：一、我們不能獨個兒結婚；二、我們不能獨個兒做基督徒！克蘭非（C. E. B. Cranfield）說得好：「世上有所謂『游俠基督徒』嗎？有些人自稱為基督徒，卻覺得任何教會都達不到他的標準，所以不打算加入任何教會——他們不知道『游俠基督徒』根本是自打耳光的概念！」

希伯來書作者勸誡信徒說：「要彼此相顧，激發愛心，勉勵行善。……不可停止聚會，好像那些停止慣了的人，倒要彼此勸勉，既知道那日子臨近，就更當如此。」（10:24-25）基督徒若輕忽了與肢體相交，就很容易也輕忽了主耶穌的愛，甚至從信心中墜落。

曾經有這樣一個基督徒，他輕忽肢體相交生活一段時日了，有一位主內長者前去探訪他。他們一起坐在壁爐前。長者一言不發，突然從壁爐中鉗出一塊火紅的煤，把它放在壁爐前的地

磚上。幾分鐘後，那塊煤的火光消退淨盡。長者仍不說話，把那塊煤又鉗起放回壁爐中，那塊煤很快就燒旺起來。長者始終默然不語，但那年輕基督徒已明白自己為甚麼會變得不冷不熱了——沒有相交生活的基督徒，就像被鉗出壁爐之外的煤塊。馬丁路德（Martin Luther）曾在日記寫道：「我在家中孤寂乏力，但我回到教會，看見會眾聚首一堂，我的心就給燃點起來，把前路都照亮了。」

基督的身體

保羅沒有遇見主耶穌之前，是一個逼迫教會的狂熱份子。後來主耶穌在保羅前往大馬色的路上向他顯現說：「掃羅，掃羅，你為甚麼逼迫**我**？」（使徒行傳 9:4）保羅從未見過主耶穌，他聽見主耶穌這樣說，一定能夠意會主耶穌的意思——逼迫基督徒（教會），就等於逼迫耶穌基督——保羅因此必能明白：教會就是基督的身體。十六世紀改教家加爾文（John Calvin）說過：「他把教會稱為『基督』。」在世人眼中，我們基督徒如何，基督就是如何！正如一首古舊聖詩說：

> 他沒有手——唯有我們的手
> 　　努力作他的工；
> 他沒有腳——唯有我們的腳
> 　　跑去領人歸正；
> 他沒有口——唯有我們的口
> 　　述說他為人死；
> 他不出手——唯有我們出手
> 　　領人進到他懷。

保羅在哥林多前書 12 章把教會比作身體：身體只有一個（節 12）——但這不等於說，每一個個體必須一式一樣。「彼此作肢體的人，都是獨一無二的，就像手和耳都是獨一無二的。聖徒的群體可以姿采萬千，理由正在於此——相反，世界總想把人套進一式一樣的模子裏去！自由從順服而來、喜樂從謙卑而來、個性從合一而來——這就是聖經的啟示。」[1]　身體只有一個，肢體卻有許多個，各有不同的恩賜與功能（節 4-6）。

既然如此，我們應該怎樣看待其他基督的肢體？

保羅警戒我們要棄絕兩種乖謬態度：有些人總是自視過低，覺得自己一無是處。保羅舉例說，腳可能會覺得比不上手，耳又可能會覺得比不上眼（節 14-19）！第四世紀神學家屈梭多模（Chrysostom）說：「人就是喜歡妒忌別人。」

人若在教會中事事與人比較，就難免看輕自己，覺得教會不需要自己——因此甚麼事奉也不想參與。可是教會需要我們每一個人。神把恩賜給予「各人」（節 7）——「各人」就是哥林多前書 12 章的鑰字！每一個人都會擁有至少一樣恩賜，而那一樣恩賜一定是維持基督的身體正常運作不可或缺的恩賜！除非我們人人做好神授予我們的本份，否則教會必不能發揮應有的功效。

基督徒另一錯誤是自視過高（節 21-25）。有一些基督徒覺得自己不需要別人。保羅又以身體為譬喻：頭不能對腳說：「我不需要你！」否則這身體必出毛病（節 21）！事實上，身體一些不顯眼的器官，往往比一些顯眼的器官更為重要、更不可少。

1.　C. S. Lewis, *Fern Seeds and Elephants* (Fontana, 1975).

正確的態度是：總不忘記我們人人同屬一個身體！我們是一個隊工，每一個隊員所作的都會影響全隊表現。西方哲學從柏拉圖開始，向來以「我」代表一個人的全部。我們不會説：「我的頭痛。」而是説：「我有頭痛。」基督的身體也是這樣：「若一個肢體受苦，所有的肢體就一同受苦；若一個肢體得榮耀，所有的肢體就一同快樂。」（節 26）

每一個基督徒，都是教會的一份子。溫約翰（John Wimber）告訴我們一件事：他教會曾有一個會友，知道一個人遭遇急難，於是找教會的人幫忙，豈料教會碰巧沒有人有空。那會友後來忍不住在主日崇拜後跑到講台上向溫約翰説：「有一個人需要幫忙：他要找地方住，又要人接濟一段時日⋯⋯，我急壞了，打電話給教會，可是教會的人説暫時沒有人可以照顧他，結果**我**收留了他一個禮拜！牧師啊，我們的教會要照顧他啊！」溫約翰沉默了一會兒，開口説：「**教會**不是幫了他嗎？」

我們以前説過，教會長期以來不是以講壇為中心、就是以祭壇為中心（視乎宗派而定）——這正是教會問題所在——因為教會興衰全在乎講員或祭司的優劣。格米高（Michael Green）探討過南美洲五旬節宗迅猛發展的原因，説出這樣的話：「原因⋯⋯有很多，最值得注意的是：五旬節宗是平信徒主導的教會。」[1]

神的聖殿

新約聖經唯一論述過的「教會建築物」，就是以聖徒為建

---

1. Michael Green, *Called to Serve* (Hodder & Stoughton, 1964).

造材料的「聖殿」——保羅説基督徒靠主耶穌「同被建造，成為神藉著聖靈居住的所在」（以弗所書 2:22）。主耶穌是教會的房角石，「各房靠他聯絡得合式，漸漸成為主的聖殿」。教會的根基是「使徒和先知」，而教會這「聖殿」的「活石」，就是我們基督徒。

在舊約時代，以色列人的敬拜中心是會幕（後來是聖殿）。會幕是百姓求問神的所在。神的榮光曾幾次充滿聖殿（列王紀上 8:11）——尤其是至聖所。按照舊約律法規定，人斷不可走近至聖所（參看希伯來書 9 章）。

耶穌基督為罪人死在十字架上，為歷世歷代信徒打開了通往父神的路。神的居所不再圍於人手建造的聖殿——從此神要藉著聖靈與信徒永遠同在。基督徒聚集一起，神的同在就格外顯出（馬太福音 18:20）。神的「新聖殿」是教會、教會是「神藉著聖靈居住的所在」。

在舊約底下（就是耶穌成就救贖大功之前），人若想求告神，必須有祭司（希臘文是 *hiereus*〔希伯來書 4:14〕）作為中保，並要獻上規定的祭物。那穌是我們的大祭司（*hiereus*），以自己性命作為贖罪祭，一次過獻上給父神，因此今天我們不再需要祭司、祭物，就能求告父神，因為主耶穌是我們的中保。「祭司」一詞也在彼得前書 2:9 出現：彼得説所有基督徒都是「有君尊的祭司」。改教家提出「信徒皆祭司」的説法，就是源於這一節經文。改教家的意思是：我們每一個基督徒都可以親自求告神、為別人代求，並作神的使者。

英文 priest（祭司）一詞還有別的意思。英文 presbyter（長

老——這個字從希臘文 *presbuteros* 而來）在古時曾化為 preost，後來再化為 priest（祭司）。因此，「祭司」一詞在英文不但可解作「獻祭的司鐸」，也可解作「教會領袖（長老）」。其實每一個基督徒都是祭司（*hiereus*）、每一個神職人員也都是平信徒（因為神職人員與「平信徒」一樣，都是神的子民）。

我們今天不再需要「獻祭的司鐸」——因為不用再獻祭了。希伯來書 9:26 說：「〔耶穌〕在這末世顯現一次，把自己獻為祭，好除掉罪。」雖然我們今天不再為自己的罪獻祭，但我們要不斷提醒自己：主耶穌以自己性命為我們獻上贖罪祭——聖餐（又名「擘餅聚會」）的核心信息，就是存感恩的心記念主耶穌如何為我們犧牲，並與弟兄姊妹一同分嚐主耶穌救恩的果效。

我們領受主的餅、主的杯之際，要同時向四個方向望：

以感恩的心向後望

我們吃的餅、喝的杯，是表明主耶穌曾為我們被釘十字架。我們領受餅和杯的時候，要存感恩的心，追想主耶穌如何為我們死，使我們罪得赦免、疚歉全消（馬太福音 26:26-28）。

以期待的心向前望

主耶穌大可以吩咐我們用別的方式記念他的死，卻偏偏選用「筵席」的形式。筵席是為慶賀大日子而設——有一天我們要在天堂參與一席永不止息的婚宴，就是耶穌基督的婚宴（啟示錄 19:9）。主的聖餐可以讓我們稍稍試嚐天上筵席的滋味（路加福音 22:16；哥林多前書 11:26）。

舉目四望主內一家

我們同領一個餅、一個杯，是表明我們在基督裏合而為一。「我們雖多，仍是一個餅、一個身體，因為我們都是分受這一個餅。」（哥林多前書 10:17）基督徒不能獨個兒吃餅喝杯！聖餐不但提醒我們眾人在基督裏合而為一，我們看著身邊的弟兄姊妹，想到基督為我們死，也實在可以鞏固眾人合而為一的心。

抬頭仰望主的實在

餅和杯，代表了主耶穌的身體和血。主耶穌應許我們會藉著聖靈與我們同在（尤其當基督徒聚集一起之時）。耶穌說：「無論在哪裏，有兩三個人奉我的名聚會，那裏就有我在他們中間。」（馬太福音 18:20）我們領受主的餅、主的杯之際，也同時仰望主耶穌臨到我們當中。以我教會的經驗為例，我們就曾目睹過不少歸主、醫治、遇見主的特殊經歷，都在聖餐當中發生。

基督的新婦

保羅論到夫妻關係時說出這麼一句話：「這是極大的奧秘，但我是指著基督和教會說的。」（以弗所書 5:32）保羅以「基督的新婦」比喻教會，新約聖經這個美麗不過的意象，其實並非保羅首創——在舊約時代，先知曾以「神的妻子」比喻以色列（以賽亞書 54:1-8），保羅不過把舊約聖經的比喻引伸，並以基督與教會的關係作為夫妻關係的楷模罷了：「作丈夫的，要愛妻子，正如基督愛教會，為教會捨己。要用水藉著道把教會洗

淨，成為聖潔，可以獻給自己，作個榮耀的教會，毫無玷污、皺紋等類的病，乃是聖潔沒有瑕疵的。」（以弗所書 5:25-27）

我們看今日教會狀況，可能會覺得我們離開「聖潔而榮耀」的標準仍有一段差距！無論如何，我們從以弗所書 5:25-27 的說法，可以猜想主耶穌對教會的期望是甚麼。聖經預言有一天主耶穌會帶著榮耀再來——約翰在啟示錄記下了教會在末後日子的形象：「聖城新耶路撒冷由神那裏從天而降，預備好了，就如新婦妝飾整齊，等候丈夫。」（21:2）今日教會可能勢孤力弱，但終有一天我們會看見教會實現了主耶穌的心意——但在那一天臨到之前，我們所要致力的，就是竭力遵循新約聖經所啟示的教會模式。

我們怎樣回應基督的愛？就是盡心盡力愛他。我們怎樣表明對基督的愛？就是活出聖潔的生命——成為妝飾整齊的新婦、成就主耶穌要藉我們生命所成就的一切。我們都要改變、都要接受神的改造，直到我們配當基督的新婦。

主耶穌對教會還有甚麼期望？就是期望教會「宣揚那召我們出黑暗、入奇妙光明者的美德」（彼得前書 2:9）。我們怎樣宣揚神的美德？就是藉著敬拜與見證：我們的敬拜，必須是全人投入的敬拜（身、心、靈缺一不可），藉此向神表達我們對他的愛與尊崇——這本來就是我們受造的目的！正如《韋敏斯德要理問答》（Westminster Catechism）的名句：「人為甚麼生在世上？為榮耀神、永遠享受神的同在。」

我們怎樣見證神的美德？就是向人傳福音、把別人介紹給主、領人加入教會的大家庭。我們不論敬拜或見證，都必須用

現代人容易領會的方式，向人傳達神的永恆真理。神是永不改變的神，福音是歷久常新的好消息，基督教信仰內容不因時尚風潮而更易──可是我們的敬拜方式與傳福音方式必須與時並進，緊扣現代人的脈搏。這可能意味我們要選用當代音樂類形來敬拜、選用當代人的詞彙來傳道。

如果教會真能活出新約聖經所描述的模樣，教會聚會怎會悶壞人呢？恰恰相反，教會聚會必然振奮人心！

讓我們重溫一下：教會是由神的子民組成，彼此以愛聯絡結連，就像一個大家庭。教會對外代表基督，有主耶穌在會眾當中。教會愛主，就像新娘子愛新郎一樣（也像新娘子一般的備受寵愛）──教會應該是何等愜意的地方！那是實實在在的「在地若天」。

有一對信主不久的年輕夫婦不久前寫道：

> 我們來教會剛好一年，但已經覺得這是我們的家！我們在這裏看見的愛心、溫情、喜悅，是在別的地方不曾見過的！這裏比任何酒吧、宴會、筵席都好玩得多！（雖然我們仍然會去酒吧、宴會、筵席！）我們覺得主日崇拜和禮拜三晚的聚會，是我們一個禮拜裏面最開心的兩大節目。這兩個聚會可以給我們一個喘息的機會──尤其是禮拜三晚的聚會，實在是我們一個禮拜繁重工作當中的忘憂草！如果我們錯失了任何一個聚會，人就彷彿變得「俗」了！當然，我們仍然可以與神交談，但我覺得弟兄姊妹相聚，就像一個風箱，可以把我們彼此的信心都吹旺起來。

15

怎樣善用餘生？

我們都只能活一次——不過很多人都希望可以多活幾次。勞倫斯（D. H. Lawrence）說過：「如果人可以活兩次就好了：第一次可以盡情犯錯，……第二次可以避免重蹈覆轍。」可惜人生舞台不容我們先作綵排！我們站到台上，幕已經揭開了。

好消息是：不論我們走過多少冤枉路，神仍然可以幫助我們不枉此生！使徒保羅在羅馬書12:1-2告訴我們訣竅所在：

> 所以弟兄們，我以神的慈悲勸你們，將身體獻上，當作活祭，是聖潔的、是神所喜悅的，你們如此侍奉，乃是理所當然的。不要效法這個世界，只要心意更新而變化，叫你們察驗何為神的善良、純全、可喜悅的旨意。

怎麼辦？

今是昨非

神呼召我們基督徒與周遭的世界劃清界線。保羅說：「不要效法這個世界。」（意思是：不要效法那排斥神且棄絕神的世界）菲利普斯（J. B. Phillips）把保羅的話譯為：「不要讓你周遭的世界模壓你。」這實在不是易事！人人都有合群的傾向，我們要與眾不同，實在不可欠缺勇氣。

有一個年輕學警參加結業筆試,其中一條試題是:

你在倫敦市郊執行巡邏職務,突然附近一條街的煤氣管發生爆炸。你趕到現場,發現行人路上炸開了一個大洞,附近有一輛翻側了的客貨車,客貨車裏面傳出陣陣酒味,兩個乘客(一男一女)都受了傷。你認得女乘客是你上司的妻子,你上司當時身在美國。有一個路過的司機把車子駛過來,說他可以幫忙,你認出那司機是一宗械劫案的通輯犯。忽然有一個男人從一座房子衝出來,說他家中有一個待產的妻子,剛才被爆炸聲驚動了胎氣,已開始了陣痛。還有一個男人在高呼救命,原來他被剛才的爆炸震落在路旁的運河裏,而他不懂得游泳。

試簡略講述你會怎樣處理上述情況(尤其要注意不可觸犯《精神健康條例》)。

　　學警思索了一會兒，在試卷上寫道：「我會脫去制服，混在人群之中。」

　　那個學警的試題實在不容易解答！我們身為基督徒，有時身陷困局之中，實在覺得「脫去制服，混在人群之中」是最便捷的出路！可是神呼召我們要與眾不同！我們不論何時何地，都要保住基督徒的身份特徵。

　　基督徒要做蝶蛹、不要做變色龍。蝶蛹有一天要化作美麗的蝴蝶、變色龍隨著環境變換自己身上的顏色圖案，好讓自己與周遭環境融為一體——「變色龍基督徒」就是這樣：他們在基督徒面前樂於承認自己是基督徒，但在基督徒以外圈子就馬上調較言行標準，務求與眾人打成一片。有人做過一項實驗（這項實驗是否屬實，仍有待核實，在此且當作一則笑談）：把一隻變色龍放在一大幅格子呢絨布前，因為呢絨布的顏色與圖案太複雜了，變色龍變來變去，忙得不可開交，最後脹破死掉！「變色龍基督徒」在日常生活中，也常常表現得神經兮兮，因為必須時刻留意身邊是甚麼人！「蝶蛹基督徒」就不同了，他們不用終日喬裝，可以專心栽培自己的內在生命。

　　神呼召我們基督徒要逆流而上、特立獨行、不可與世界為伍，但這不等於說我們必須標奇立異：裝束不同尋常、滿口宗教高論——我們其實可以表現得正正常常！有人覺得若做了基督徒，就無可避免會成為怪人，這想法實在荒謬絕倫！恰恰相反，我們藉著耶穌與父神復和後，性格應該更趨完全，因為我們會越來越像耶穌——我們越像耶穌，就越趨「正常」，因為我們的「人性」越能充份發揮。

我們跟隨了基督，就要擺脫一切誤己誤人的思想言行。譬如說，我們從前是中傷人的、埋怨人的、性生活隨便的（就像世人一樣），信主後就不要走回頭路了。我們並非只懂得禁戒這禁戒那，我們心意也必須更換一新：從前中傷的人，現在要鼓勵人、建立人、愛人；從前埋怨人的，現在要滿口感恩、滿心喜樂；從前性生活隨便的，現在要謹守神的標準，並讓人看見遵行神誡命的福氣。

基督徒對性愛的態度必須與世人有別！但我發現很多人不明白箇中道理。我向人分享基督教信仰越多，越多碰到人問及基督徒的性愛觀。最常見的問題包括：「在婚姻以外（婚前、婚外）的性行為必然不對嗎——聖經哪一章哪一節這樣説？錯在哪裏？」

神定立的標準當然遠比任何世間標準優勝——不要忘了是神創立婚姻、是神設計性愛——偏偏有些人似乎忘記了這事實！那些人以為神從天上觀看人間時，會掩面怪叫道：「天啊！這些男男女女在幹甚麼？」魯益師（C. S. Lewis）指出，樂趣的源頭是神、不是魔鬼。聖經從來沒有貶抑我們的性慾：神賜人性慾、又創造男女相配的性器官，讓人得著交合的樂趣，我們從舊約雅歌書可知，性愛實在可以為人帶來莫大的歡愉、滿足、喜悦。

不過，性愛的創設者也親自告訴我們怎樣才能充份享受性愛。聖經對性愛的規範是：交合的必須是一男一女，並且彼此承諾一生相依——換言之，交合的必須是夫妻。基督徒性愛觀的理據來自創世記 2:24，主耶穌曾在馬可福音 10:7 引述舊約聖

經說：「因此人要離開父母，與妻子連合，二人成為一體。」婚姻是一男一女在眾人面前，表明自己要離開父母獨立，與配偶訂定終身有效的盟約。夫妻二人要「成為一體」（希伯來原文可解作「黏合一起」），不僅是肉體連合，兩個人在感情、思想、意志、靈命、社交生活各方面，都要共同進退、順逆與共——這是基督徒與異性「成為一體」的基礎。聖經的婚姻觀，是人類歷史上最高舉夫妻關係、最能令人得著福樂的婚姻觀，因為清楚表明神美善而純全的設計。

神也警戒我們，人若逾越神定立的界線，就必受虧損。在神眼中沒有「一夜情」這回事——每一次的交合，都是「二人成為一體」的行動（哥林多前書 6:13-20）！人若把「一體」分開，就一定會見傷害。如果你把兩張紙黏合一起，再把兩張紙強行分開，就會聽見撕裂的聲音，又會看見兩張紙都殘留著另一張紙的碎片。同樣道理，若把「成為一體」的二人分開，也必然會在雙方心中留下一道道傷痕。我們看一看身邊的人，就會明白人若輕忽神的標準會有甚麼後果：破裂的婚姻、破碎的心靈、受傷的子女、性病、家庭糾紛。另一方面，我們從那些謹守神誡命的夫婦身上，也實在可以看見神賜人的福氣。

話又說回來，人如果真的犯了性罪，不論多麼嚴重，神都會願意赦免我們，也可以醫治我們的創傷、重整我們的生命，不過我們如果能夠避免犯錯，就更好得無比了。

我們實在不要讓世界模壓我們，相反，我們要向世人顯明更美更善之道。每當明光照耀，人就會被吸引過來。

重新開始

保羅又勸我們「要心意更新而變化」(羅馬書12:2)，換言之，「蝶蛹基督徒」要化為彩蝶。

很多人懼怕改變。有兩條毛蟲坐在一塊葉子上聊天，突然飛過一隻蝴蝶，一條毛蟲向另一條毛蟲説：「我才不要變成那副模樣！」我們都懼怕丟棄熟悉的東西。

神不會要求我們丟棄任何好東西，只會勸我們把垃圾丟掉。我們若不把垃圾丟掉，就不能領受神要給我們的種種珍寶。我們教堂附近有一個露宿街頭的婦人，她時常問途人要錢，如果途人不給她，她就馬上破口大罵。她在街頭流浪多年了，身後總拖著一大堆塑膠袋子。她後來死了，由我主持喪禮。起初我以為不會有甚麼人出席喪禮，豈料來了幾個衣履光鮮的人——原來那婦人很有錢，不但繼承了一棟華麗的房子，還有不少價值連城的名畫，卻偏偏喜歡以街頭為家，並到處帶著一大堆垃圾——她不能丟棄舊有的生活，因此也從沒有享用過別人送贈她的產業。

我們基督徒從神領受的產業豐富得多了，我們的產業，是基督的一切豐盛！可是我們要享有神的珍寶，就必須先丟棄生命中的垃圾。保羅説：「惡要厭惡。」(節9)「惡」就是我們要丟棄的垃圾。

保羅在羅馬書12:9-21略略提及一些我們可以享有的珍寶：

> 愛人不可虛假，惡要厭惡，善要親近。愛弟兄，要彼此親熱；恭敬人，要彼此推讓。殷勤不可懶惰。要心裏火熱，常常服事主。在指望中要喜樂，在患難中要忍耐，禱告要恆

切。聖徒缺乏要幫補，客要一味地款待。

逼迫你們的，要給他們祝福；只要祝福，不可咒詛。與喜樂
的人要同樂；與哀哭的人要同哭。要彼此同心，不要志高氣
大，倒要俯就卑微的人。不要自以為聰明。

不要以惡還惡。眾人以為美的事，要留心去做。若是能行，
總要盡力與眾人和睦。親愛的弟兄，不要自己伸冤，寧可讓
步，聽憑主怒。因為經上記著：「主說：伸冤在我，我必報
應。」所以，「你的仇敵若餓了，就給他吃；若渴了，就給
他喝。因為你這樣行，就是把炭火堆在他的頭上。」你不可
為惡所勝，反要以善勝惡。

「不可虛假」在原文有「不可偽裝」、「不可戴上假面具」
的意思。世間的人際關係很多都是膚淺不堪，因為世人慣於保
護自己，不讓別人知道自己的真實感受——我信主之前就是這
樣的人（我信主後也沒有即時改變過來，雖然我知道那不應
該）！我從前的待人態度其實反映了我的內心：「我不喜歡真
正的『我』，所以要假裝成另一個『我』。」

如果與我交往的人也戴起假面具，豈非兩副假面具在交往？
真實的「我」若不現身，人際之間就只能有「虛情假愛」。我
們要體驗真愛，就必須摘下假面具、敢於表白真我——我們如
果確信神會按我們本相愛我們，就能坦然摘下假面具，與人建
立有深度的關係。

世人都喜歡向熱情的人澆冷水，但其實熱情是好事。我們
與神建立了關係，心就會喜樂、興奮、「火熱」（節 11）——這

225

些感受不僅僅是一時三刻的衝動！保羅說：「殷勤**不可懶惰**，**要心裏火熱，常常服事主。**」我們信主越久，心應該越火熱。

保羅勸我們基督徒要看重人際關係、要慷慨（節13）、好客（節13）、寬宏（節14）、有同情心（節15）、與眾人和睦（節18）——多榮耀的景象！神呼召我們成為一個家庭，這家庭滿有愛心、喜樂、忍耐、信實、慷慨、溫情、福氣、歡欣、和睦、謙卑、忍讓；這家庭不為惡所勝，反而以善勝惡——上述的不過是神賜我們珍寶的一部分，但我們必須先把垃圾丟掉。

怎樣做？

「將身體獻上……」

這是意志的降服。保羅把神為我們所做的一切說完，就吩咐我們「將身體獻上當作活祭，是聖潔的、是神所喜悅的」（羅馬書12:1）——神要求我們獻上一生所有給他。

一、我們要獻上時間。我們最寶貴的資產是甚麼？就是我們的時間。我們要獻上所有時間，這不等於說我們從此把一切時間花在禱告讀經之上！而是讓神成為我們生命的最優先考慮。

我們很容易會把優先考慮錯置。有一則報紙啟事這樣寫：「農夫，徵求擁有拖拉機之女士為友，情投意合即共諧連理。來函請附拖拉機近照乙幀。」我相信那農夫把優先考慮錯置了！「關係」是我們生命中最重要的事，而最重要的關係，就是我們與神的關係。我們必須撥出時間與神單獨相會，也要撥出時間與其他基督徒相聚——在主日、也可能是任何一日，我們可以

彼此建立、互勵互勉。

　　二、我們要把抱負獻上給主。我們要對主說：「主啊，我把我的抱負交託你，求你引領我的前路。」神吩咐我們先求他的國、他的義，其餘的自然會加給我們（馬太福音 6:33）──這不等於說我們必須拋棄一切抱負，而是說我們的抱負要從屬於神旨意之下。我們想出人頭地，不一定是壞事，但我們必須先求神的國、神的義，而我們所作的一切，也必須為神的榮耀而作。

　　三、我們要獻上財物、金錢。新約聖經沒有吩咐人廢除私有財產，也沒有禁止人攢錢、儲蓄、享受人生──聖經所禁止的，是人單單為私慾而囤積財富、貪戀物質、信靠金權。世間財富似乎可以為人帶來安穩，其實不過叫人增添憂慮、越來越遠離神（馬太福音 7:9-24）。我們如果對神所賜的福樂心存感恩、對身邊人的需要寄予同情，就要做個樂善好施的人。而且，慷慨的心是打破物慾主義的最佳兵器。

　　我們要把耳朵獻上給主──就是時刻警戒自己不要聽人說閒話或損人損己的惡言。我們也要留心聽神對我們所說的話（藉著聖經、禱告、書籍、錄音帶等等）。我們要把眼睛獻上給主──我們眼中所見的，也許會挑起我們的嫉妒、情慾、或其餘諸般的罪，我們務要警醒防範！此外，我們要學習用神的眼光看人──與其論斷別人，不如問問自己：「我怎樣才可以為別人祝福？」

　　我們要獻上舌頭給主──雅各提醒我們：「舌頭雖小，卻能說大話。」（雅各書 3:1-12）我們可以用舌頭毀損人、欺哄人、

咒詛人、中傷人，也可以用舌頭敬拜神、造就人。我們要獻上雙手給主——我們可以為自己抓取更多、也可以為別人付出更多。我們要把性慾獻上給主——我們可以只顧滿足一己情慾、也可以與配偶共享魚水之歡。

我們不能只獻上部分肢體給主！保羅說「將身體獻上」，包括了身體每一部分！奇妙的是：我們若真的把一切奉獻給神，反而會嚐到自由的滋味！人為自己而活，反而得不著自由。「完全的自由，就是服事主、為主而活」（《公禱書》〔*Book of Common Prayer*〕的名句）。

「……當作活祭」

人若「將身體獻上」，就必須付上代價、作出犧牲。巴克萊（William Barclay）說得好：「耶穌來不是要我們生活無憂，而是要我們活出意義。」我們要恪守主道、不可偏行己路。我們要棄絕一切錯事，願意付出任何代價，為要改過遷善。我們要樂意在人前承認主耶穌——不論世人如何敵視基督教信仰。

在世界很多地方仍有基督徒飽受逼迫，在本世紀為主殉道的基督徒，比從前任何世紀都要多。今天仍有不少基督徒為主被囚禁、遭虐待。我們西方世界的基督徒，能夠活在信仰自由的土壤，決非必然而然。我們所受的抨擊、嘲諷，若與初期教會或今日飽受逼迫的基督徒相比，實在算不得甚麼。

話雖如此，我們（西方世界的基督徒）仍會有必須付代價的時候。舉例說，我有一個朋友在信主後被父母趕出家門；還有一對夫婦，他們信主後把房子賣掉，因為他們覺得必須重新向稅務局申報財產（他們多年來在報稅的事上一直有欠誠實）。

　　我有一個好朋友，信主前與女友同居，信主後認真檢視自己的生活，知道不能再與女友繼續同居，但他掙扎多月，仍未能下定決心。後來他女友也信了主，兩人馬上終止了同居關係。其後因為種種原因，兩年多過去了，他們仍未能結為夫婦，但他們堅守神的誡命——他們作出了犧牲（雖然他們不覺得是甚麼犧牲），後來神大大賜福他們的婚姻，並賜予他們四個可愛的兒女。

為甚麼？

神凡事為我們設想週到

　　神愛我們，凡事為我們的好處。神渴望我們把一生交託他，得以「察驗何為神的善良、純全、可喜悅的旨意」（羅馬書12:2）。

　　我有時候這樣想：魔鬼的主要工作，可能就是在人面前歪曲神的形象。「撒但」的希伯來文意思是「毀謗者」——撒但最喜歡在神背後說他壞話：神不值得我們信賴、神最愛掃我們的興、神想破壞我們的大計等等。

　　我們很容易會誤信撒但的謊言。我們會這樣想：如果我們真的把一生交託天上的父，他可能會挪去我們今生一切樂趣！假設我兒子有一天向我說：「爸爸，我想把今天交給你，無論你想我怎樣度過，我也會遵從你的吩咐。」我聽了會怎樣反應？我會不會對兒子說：「好啊，我等這一天等了好久！你聽清楚了：你今天整天就呆在衣櫃裏不要出來！」

天上的父親待我們會及不上地上的父親嗎？斷乎不會！天父對我們的愛，比地上任何父愛更深！天父凡事為我們設想週到，他的旨意**善良**，處處為我們著想（正如一個好父親）；天父的旨意**可喜悅**——叫他喜悅、也叫我們喜悅（即使不在眼前、也必在日後）；天父的旨意**純全**——十全十美、無懈可擊。

可歎的是，人總覺得自己的想法可以「勝神一籌」，他們這樣想：「我的想法豈不更好？神未必完全明白我的情況！他對現代社會知得不多、也未必明白我的需要！我還是不要麻煩神好了！」可是我們永遠不會比神更有智慧！自把自為的結果，總是自討苦吃。

我其中一個兒子有一次學校給了家課：製作一張古羅馬奴隸市場的廣告招貼。兒子整個週末都在努力，他畫完圖畫、寫好一切文句後，還想把它弄得像二千年前文獻的模樣，有人教他只要把紙在火焰上拖幾下，就可以有泛黃的效果——這對九歲大的孩子來說，實在不是易事！我妻子想幫兒子完成他的大作，可是兒子就是不讓她幫，結果怎樣？兒子的大作頃刻之間化作一堆灰燼、兩行眼淚、滿心挫敗。

有些人一生只肯信靠自己，死不願意信靠神，至終不過以悲劇收場——猶幸神總會給我們翻身的機會：我兒子後來重做家課一次，他第二次學乖了，信靠我妻子為他做那最困難的工序！如果我們把一生交託神，神必向我們指示他的旨意——那善良、純全、可喜悅的旨意。

神為我們作出莫大犧牲

神要求我們所作的犧牲，若與神為我們所作了的犧牲相比，

實在微不足道。史他德（C. T. Studd）是十九世紀英國板球隊
隊長，他後來捨下名利雙收、舒適安逸的生活，獻身中國內地
傳教工作。他曾經說：「耶穌基督是神——他為我犧牲了自己
節性命。既是這樣，還有甚麼是我不能為他付出的呢？」史他
德願意仰望耶穌走前面的路。希伯來書作者勸我們要「存心忍
耐，奔那擺在我們前頭的路程，仰望為我們信心創始成終的耶
穌。他因那擺在前面的喜樂，就輕看羞辱，忍受了十字架的苦
難，便坐在神寶座的右邊」（希伯來書 12:1-2）。

　　我們只要看神的獨生愛子耶穌怎樣忍受十字架的苦難，就
知道神愛我們有多深！我們還可以不信靠神嗎？我們既知道神
深愛我們，就不用擔心神會待薄我們！保羅說：「神既不愛惜
自己的兒子為我們眾人捨了，豈不也把萬物和他一同白白地賜
給我們嗎？」（羅馬書 8:32）我們得以活出基督的生命，是本於
父神的愛；我們行事為人的榜樣，是神的獨生愛子耶穌；我們
得以活出基督的生命，是藉著聖靈的大能。

　　神何等偉大！我們能夠與神建立關係、領受神的愛、一生
服事神，實在是莫大的福氣！基督徒的生命取向，實在是最美
善、最有福、最滿足、最有意義、最有價值的生命取向！唯獨
在神裏面，我們才能夠圓滿解答生命的百般疑惑。

導讀

史大衛（David Stone）著

史大衛牧師想出下列問題，幫助你深入探究甘力克在本書的信息，並敦促你把甘力克的信息應用在日常生活之中。下列問題可用作個人研讀或小組討論。

第1章 基督教：沉悶？杜撰？可有可無？

1. 你認為今天的人為甚麼總覺得基督教「沉悶、杜撰、可有可無」（頁9）？

2. 你同意上述對基督教的看法嗎？為甚麼？你覺得有甚麼事可以改變你對基督教的觀感？

3. 作者認為人「總覺得生命欠缺一點甚麼」（頁10）的原因何在？這是不是你對生命的體驗？

4. 「人生在世與神隔絕，就像電視機沒有接上天線一樣」（頁14）。你認為這說法對嗎？為甚麼？

5. 作者說世人對基督教信仰有甚麼反應（頁14）？

6. 作者清楚區分「頭腦上的認知」與「經驗上的認知」（頁16），這區分為甚麼重要？

7. 如果我們誠實面對自己（的思想言行），還會不會覺得自己是「好」人（頁17）？

8. 「永生」（頁20）是甚麼意思？這「永生」可否由今生開始？怎樣開始？

第 2 章　耶穌是誰？

1. 有人認為信耶穌是「盲從附和」（頁 21），你會怎樣作出回應？

2. 作者說新約聖經關乎耶穌存在的證據「極有份量」（頁 22），他的理據何在？你覺得新約聖經可信嗎？為甚麼？

3. 科比里說：「我不能接受基督教，但我相信耶穌是偉人。」（頁 24）你同意他的話嗎？為甚麼？

4. 「耶穌並非碰見人就說：『喏！我是神！』」（頁 25）那麼，有甚麼事可以證明耶穌是神？

5. 耶穌曾以間接、直接的話宣稱自己是神的獨生愛子（頁 29），我們怎樣驗證他的話？

6. 作者說：「耶穌基督從死裏復活——這是基督教信仰的基石。」（頁 34）為甚麼？你認為耶穌復活的證據夠充份嗎？

7. 「究竟耶穌是神的兒子？是瘋子？是惡魔？」？（頁 37）你認為答案是甚麼？為甚麼？

8. 如果耶穌真是神的獨生愛子，對你有甚麼意義？

第3章 耶穌為甚麼死？

1. 作者認為「人生在世最大的苦惱」是甚麼（頁40）？你同意嗎？為甚麼？

2. 新約聖經為甚麼說：「在一條誡命上跌倒，就是犯了眾條誡命」（頁41）？

3. 你同意「犯罪會成癮」嗎（頁41）？可否舉例說明？人若不斷犯罪，會有甚麼後果？

4. 聖經說犯罪還有甚麼惡果（頁42）？你有否親身體驗過？

5. 神怎樣處理人犯罪的問題（頁43）？你怎樣確定神已為你的罪付了贖價？

6. 「稱義」是甚麼意思（頁45）？為甚麼耶穌的死可以使我們「稱義」？

7. 「從罪的權勢中釋放開來」（頁47）是甚麼意思？「罪在我們身上的轄制給破除了」——怎能如此？

8. 希伯來書作者指出：「公牛和山羊的血斷不能除罪。」那麼，舊約時代關乎獻祭的諸般禮儀意義何在（頁47）？

9. 有人說：「神不公平啊，竟然懲罰無辜的第三者耶穌、而不懲罰犯罪的世人！」（頁48）你會怎樣回應？

10. 你曾否有過溫約翰的想法：「我一定不會這樣子的……」（頁49）？是甚麼令你改變初衷？

第4章　怎樣確定自己信了主？

1. 你認為「與神建立關係」（頁 54）是甚麼意思？

2. 作者說：「人可以確定自己信了基督、得著永生。」你會否覺得這說法太自以為是（頁 55）？

3. 為甚麼信靠「自己的感覺」不如信靠「聖經中的應許」（頁 55）？

4. 有哪一個聖經應許對作者額外受用（頁 56）？有哪一個聖經應許對你額外受用？為甚麼？（嘗試背誦那對你格外受用的聖經應許。）

5. 有些人一生盡量「做好人」，只盼死後神會讓他們上天堂去（頁 59）──你對這看法有甚麼回應？

6. 耶穌的死有甚麼特別之處（頁 61）？耶穌的死成就了甚麼？對你有甚麼意義？

7. 聖靈怎樣幫助我們確定自己「接受了耶穌」（頁 62）？你有否經驗過聖靈的幫助？

8. 「自信不等於自大。」（頁 65）還有甚麼事叫你不能確定自己信了主嗎？這一章書可否解答你的疑難？

第5章 為甚麼要讀聖經？怎樣讀聖經？

1. 聖經是你的「喜愛」（頁68）嗎？為甚麼？

2. 聖經與其他「曠世巨著」最大的分別是甚麼（頁71）？

3. 對耶穌來說，「聖經的話，就是神的話」（頁71），你對聖經的看法也是這樣嗎？

4. 有甚麼聖經疑難令你不能相信聖經是神的話嗎？你會怎樣面對那些疑難？

5. 有甚麼聖經教訓曾改變你的「所信所行」（頁74）？

6. 有人認為聖經教訓太束縛人了（頁75），你會怎樣回應他們？

7. 作者認為聖經除了是生命指南，也是「情書」（頁76），你同意嗎？

8. 你認為讀聖經有甚麼果效（頁77）？作者的話有否擴闊了你的眼界？

9. 如果有人想藉著聖經傾聽神的聲音，你有甚麼實際意見給他（頁80）？

第6章 為甚麼要禱告？怎樣禱告？

1. 你試過在禱告後碰見「巧合的事」（頁84）嗎？

2. 「人禱告之際，神的三個『位格』（父、子、聖靈）都在工作」（頁84）這是甚麼意思？

3. 作者說出了人禱告的幾個原因（頁87），你覺得自己禱告的原因是甚麼？

4. 有些人「不容易接受禱告真的可以改變歷史——他們的頭腦過不了這一關」（頁88），你會怎樣向他們解釋？

5. 神為甚麼不應允我們每一項禱告（頁89）？

6. 我們的禱告應該包含甚麼元素（頁92）？

7. 「主禱文」（馬太福音6:9-13）可以怎樣指引我們禱告（頁92）？

8. 我們可以為「日用所需」（頁94）禱告嗎？作者提醒我們要注意甚麼？

9. 你覺得在其他人面前開聲禱告不容易嗎？為甚麼作者說：「無論如何，我們必須堅持下去。」（頁97）？

10. 為甚麼禱告是「基督教信仰的核心」（頁97）？

第7章 神怎樣指引我們?

1. 我們怎樣作出一生的種種決定?

2. 有甚麼事攔阻我們信靠神的指引(頁99)?

3. 神在今天怎樣向我們說話、指引我們的路(頁101)?

4. 我們怎樣使禱告成為「雙向交談」(頁103)?

5. 在尋求神指引的事上,「人情事理」扮演甚麼角色(頁106)?

6. 若有人在尋求神指引的事上要向人請教,你會建議那人向誰請教(頁109)?

7. 我們求神指引前路,但神遲遲未有答覆,我們應該怎樣做(頁112)?

8. 如果我們覺得自己的生命「已是一塌糊塗」,應該怎樣做(頁113)?

第8章 聖靈是誰？

1. 你會否對聖靈「心存恐懼」（頁116）？

2. 聖靈與耶穌有甚麼關係（頁116）？

3. 聖靈在聖經中的作為與聖靈在今天的作為有何異同之處（頁116）？

4. 聖靈在舊約聖經中的作為、與聖靈在新約聖經中的作為、與聖靈在今天的作為有甚麼重大分別（頁121）？

5. 「受聖靈的洗」與「被聖靈充滿」（頁123）有甚麼分別？

6. 當「生命活水」流過一個人的生命，會帶來甚麼改變（頁125）？

7. 按照彼得解釋，五旬節所發生的事的意義何在（頁125）？

第 9 章 聖靈有甚麼工作？

1. 人若「重生」了，會有甚麼事情發生（頁 128）？

2. 聖靈在未信的人身上的重要工作是甚麼（頁 128）？

3. 我們成了基督徒後，與神的關係有甚麼改變（頁 128）？

4. 聖靈怎樣幫助我們「與神建立關係」（頁 132）？

5. 聖靈怎樣使我們「越來越與耶穌相像」（頁 135）？

6. 你覺得基督徒怎樣可以「保守聖靈所賜合而為一的心」（頁 137）？

7. 作者認為「今日教會一個大問題」（頁 139）是甚麼？你覺得為甚麼會出現這問題？你覺得有甚麼補救辦法？

8. 基督的大家庭怎樣才可以有增長（頁 141）？聖靈在這事上怎樣幫助我們？

9. 作者說：「每一個基督徒都有聖靈居住在心中。……然而，並非每一個基督徒都被聖靈充滿。」（頁 141）你覺得怎樣可以解決這問題？

第 10 章　怎樣被聖靈充滿？

1. 「最理想的情況，是每一個基督徒都在信主之際同時被聖靈充滿。」（頁 144）——這往往不是常規，你認為理由何在？

2. 你認為「經驗聖靈的能力」（頁 145）重要嗎？為甚麼？

3. 為甚麼「向神表露感情」那麼重要（頁 147）？這與「煽情」有甚麼分別？

4. 說方言的恩賜有甚麼益處（頁 150）？

5. 有人認為基督徒必須有說方言的恩賜，否則會有很大缺失（頁 153）——你會怎樣回應？

6. 如果有人向神求被聖靈充滿，卻仍未見果效，你會怎樣幫助他？

第11章 怎樣抵擋罪惡？

1. 「有人……認為相信魔鬼存在比相信神存在要容易得多。」（頁157）你認為理由何在？

2. 「對鬼魔的興趣過了份」（頁160）有甚麼危險？

3. 魔鬼對付我們有甚麼策略（頁161）？

4. 受試探與犯罪有甚麼分別（頁164）？我們為甚麼必須曉得分別？

5. 我們成為基督徒後，與魔鬼的關係有甚麼不同（頁165）？這對我們有甚麼意義？

6. 保羅在以弗所書6章提及基督徒有六樣「軍裝」，你覺得這些「軍裝」代表甚麼（頁166）？

7. 神「號召我們加入屬靈爭戰行列」（頁168）是甚麼意思？

第12章 為甚麼要傳福音？怎樣傳福音？

1. 有人對你説「基督教信仰是私人的事」（頁171），你會怎樣回應？

2. 作者説傳福音的「兩大極端（錯誤）」（頁173）是甚麼？

3. 我們要作「世上的鹽」、「世上的光」（頁175），是甚麼意思？

4. 我們怎樣「常作準備」（頁178）回答別人對基督教信仰的疑問？

5. 我們怎樣「領人去見耶穌」（頁180）？

6. 「傳福音的人絕不可忽略禱告」（頁183），為甚麼？

7. 我們向人傳福音，有時難免會「遭人輕蔑訕笑，以致鋭氣全消」（頁184），我們如何是好？

第 13 章　神今天還醫治人嗎？

1. 如果有人對醫治的事「疑懼不已」(頁188)，你會怎樣回應他們？

2. 作者說「神的國不但是現在的事、也是未來的事」(頁191)，這是甚麼意思？這觀點怎樣成了「神在今天還會醫治人」的理據？

3. 有人說：「耶穌的確曾經吩咐門徒出去醫治人，但這些事已成過去，今天再沒有這樣的事。」你會怎樣回應(頁192)？

4. 「並非每一個我們按手禱告的病人，都一定會康復過來。」(頁198)為甚麼？病人得醫治與否對我們的事奉有影響嗎？

5. 為甚麼我們為人禱告求神醫治時「說話要簡潔」？(頁199)作者給了我們甚麼指引？

6. 如果聽見人說「接受禱告的人缺乏信心，所以不獲醫治」(頁201)，你會怎樣回應？

7. 作者認為我們為人禱告求神醫治，即使看不見即時果效，也必須持之以恆 (頁201)，為甚麼？

第 14 章 教會是甚麼？

1. 提起「教會」，你會聯想到甚麼？

2. 「教會」一詞的原文意義可以怎樣幫助我們思想教會的意義（頁 205）？

3. 新約聖經所記載「初期教會的三種聚會形式」是甚麼（頁 206）？每一種聚會形式有甚麼特點？

4. 「教會無論看起來怎樣不和，始終是一個整體。」（頁 207）我們可以怎樣化解不和？

5. 「……，我們不能獨個兒做基督徒。」（頁 209）你同意嗎？為甚麼？

6. 我們為甚麼需要主內弟兄姊妹（頁 209）？主內弟兄姊妹為甚麼也需要我們？

7. 「信徒皆祭司」有甚麼含義（頁 213）？

8. 我們怎樣才可以更投入聖餐之中（頁 214）？

9. 與新約聖經所描述的教會相比，你認為今日教會有甚麼缺失（頁 216）？你認為有甚麼可行的改善辦法？

第 15 章　怎樣善用餘生？

1. 世界怎樣「模壓你」（頁 219）？你怎樣抵擋？

2. 「聖經對性愛的規範是：交合的必須是一男一女，並且彼此承諾一生相依——換言之，交合的必須是夫妻。」（頁 222）為甚麼要這樣？人若逾越神定立的界線，會有甚麼惡果？

3. 如果有人真的逾越了神定立的界線，如今滿心悔疚，你會怎樣幫助他（頁 223）？

4. 「我們若不把垃圾丟掉，就不能領受神要給我們的種種珍寶。」（頁 224）你認為在現實生活中這說法有何意義？

5. 有些人很難相信「神會按我們本相愛我們」（頁 225），你會怎樣幫他們？

6. 我們怎樣可以「讓神成為我們生命的最優先考慮」（頁 226）？

7. 如果我們發現自己仍未「把一切奉獻給神」（頁 226），應該如何是好？

8. 作者說基督徒為信仰的緣故總「有必須付代價的時候」（頁 228），你有甚麼體會？

9. 我們為甚麼有時候會難以相信「神愛我們，凡事為我們的好處。」（頁 229）？

10. 「仰望耶穌走前面的路」（頁 231）是甚麼意思？對我們走基督徒的路有甚麼意義？

已出版的中文啟發資源

查詢電話：(852) 2780 1188
傳真：(852) 2770 6229

啟發課程 Alpha Course

PAL / NTSC

在英國及世界各地，正有不計其數的人藉著啟發課程歸信了耶穌基督。

今天世界各地有數以千計的教會定期舉辦啟發課程。事實證明，這十五課基督教信仰要義，是今日教會向現代人傳福音的簡單有效方法，讓基督徒樂於向身邊不願意上教堂的親友同事介紹耶穌基督。

這十五個短講是啟發課程的組成骨幹，由啟發課程設計人甘力克牧師親身主講。

錄影帶 (英語對白 中文字幕)

本錄影帶套裝包括五盒錄影帶，每盒錄影帶載有三個短講。

影音光碟 (英語對白 中文字幕)

本套裝計有十五張影音光碟 (VCD)，每張影音光碟載有一個短講。

啟發手冊*
Alpha Manual

啟發同工訓練手冊*
Alpha Team Training Mamual

---

*啟發手冊、啟發同工訓練手冊並有簡體字版

尋尋問問
Searching Issues

為你解答基督教信仰七大疑難

- 神為甚麼任憑苦痛存於世上？
- 其他宗教又如何？
- 婚前性行為有何不妥？
- 新紀元運動與基督教信仰相容嗎？
- 基督徒怎樣看同性戀？
- 科學與基督教信仰抵觸嗎？
- 三位一體：不合聖經？不可置信？不關痛癢？

甘力克 著　黃大業 譯

為什麼信耶穌？(繁／簡體)
Why Jesus?

- 今天很多人想知道關於耶穌的事。
- 耶穌降世至今二千年了，為甚麼仍有很多人對他有興趣？
- 千萬人的生命得著耶穌激勵──為甚麼？
- 我們為甚麼需要耶穌？
- 耶穌為甚麼降世？
- 耶穌為甚麼死？
- 上述問題為甚麼值得你操心？

甘力克 著　黃大業 譯

「《為什麼信耶穌？》是我所知最清晰、最易明、最有趣、最發人深省的福音小冊子，向人闡明耶穌基督的福音。」

- 格米高(Michael Green)